精進之道

Mastery

精進之道

不靠天賦，也能精益求精，邁向人生更高境界

Mastery: The Keys to Success and Long Term Fulfillment

喬治．李歐納（George Leonard）／著
陳思穎／譯

遠流出版公司

目錄

contents

導言

一九八七年，美國《君子雜誌》（*Esquire*）五月號推出特別企劃專欄〈完美體魄〉（Ultimate Fitness）。當時，此專欄已連續刊登四年，涉獵的主題比一般健身文章來得廣泛，我在頭一篇文章中寫道：「追根究柢，我們所做、所思、所感覺，皆與體魄和健康息息相關。因此……擁有所謂的『完美體魄』，與其說是能夠兩個半小時完賽馬拉松，不如說是好好過自己的生活。」

〈打造完美體魄〉系列專欄文章本來就特別受讀者關注，但一九八七年五月號又更勝以往，該篇主題為「精益求精」：「在這神祕的過程中，最初難以做到的事情逐漸產生進展，經過一再練習，做起來愈發輕易，愈發愉快。」這期專欄的宗旨，一是為讀者指出精進之道，成為大師，我所謂的大師不單只是精通某種運動，也要在生活各個面向更上層樓；二是警醒讀者別盲從時下主流的「逐利心態」，這種心態使人一味追求立即可見、易於達成的成果，卻不願意耐住性子走完漫長的精益求精之旅。

文章刊出，隨即引發熱烈迴響。許多人來函索取雜誌、撕頁、抽印本，各式商管通訊請求《君子雜誌》准許翻印部分內文，各大公司執行長把影印本發給員工，各種培訓小組花上好幾小時討論精進的原則……。雜誌編輯收到不少動人的讀者來信，例如一名海軍飛行員在信中談及，他一直沒辦法好好駕駛F-14雄貓式戰機在航空母艦上降落：「後來，我打算再試第二次，或許也是最後一次。就在那時，我買了五月號的《君子雜誌》……李歐納先生描繪的精進之道，深深啟發了我，使我的心理素質更強健了幾分，無形中降低最後這一哩路的難度，才讓我順利走完。」

我心裡有底，若要完整闡述如何展開精進之道，持續前進，勢必得花上一整本書的篇幅，然而當時我正撰寫一本一九六〇年代的回憶錄，無暇他顧。我原以為大眾會漸漸失去興趣，事實卻不然，陸續仍有許多人給予迴響、提出疑問。因而我更加確信，愛抄捷徑、治標不治本、利字當頭的心態，長期下來不僅對人無益，最終甚至可能為個人與社會帶來災難。**若世上真有一條明路，能通往成功圓滿的人生，那必定是長遠的大師精進之路，究其本質，唯有不以目標為念，才能持續進步。**我認為，這套道理不僅適用於私人生活，也適用於職業生涯；不僅適用於經濟，也適用於溜冰；不僅適用於醫療，也適用於武術。

其實，我那篇《君子雜誌》專欄文章和本書的靈感，正是源自武術。我一九七〇年開始學合氣道，一九七六年起固定授課。合氣道講求同化，招式複雜，再加上那一系列跌撲滾翻的基本技法，因此被公認為最難精通的武術。

一旦站上訓練墊，任何逃避困難或不自量力的意圖皆無所遁形，缺陷畢露，根本不可能抄捷徑，不過，因練習產生的快樂也會倍增。我常告訴學生，訓練墊就是全世界，在這個世界中的一切，全被攤在放大鏡之下檢視。

因此，若要研究哪些因素對長期學習有益或有害，合氣道道館是極為理想的實驗室。上百位學生來了又走，我逐漸從他們學習合氣道的過程中，歸納出幾種不同的模式，多數學生只要上過幾堂課，我就能看穿他們是**三分鐘熱度型**、**執著完美型**，抑或**不思進取型**，這三種學習模式容後細談（參見第二章）。令我詫異的是，那些在漫漫長路上堅持不懈、成功拿到黑帶、不斷精益求精的學生，不見得是最有天分的人。漸漸地，我開始明白，儘管不同的人會走上不同的精進之道，但每條路通往的方向都大致相同，也能夠清楚地把地圖描繪出來。

然而，我在合氣道館的觀察，是否能夠套用在其他技藝上呢？根據該年

《君子雜誌》五月號發行後不久的一系列訪談，再加上該篇文章收到的熱烈迴響，我認為這套道理不但適用於合氣道，更適用於所有重要領域：商業管理、藝術、駕駛飛機、兒童教育、大學教育、木工、運動項目、親子關係、宗教，甚至是逐漸變遷的社會文化。

在當今社會，逐利心態或許是主流，然而精益求精的旅程會深深向下紮根，引發深沉悠遠的共鳴。其實，精進之道的概念，與其說是可能風行社會的新思潮，不如說它始終與我們同在——只是如今的我們缺乏提醒罷了。很高興許多人因為讀了我的文章展開更好的人生，也期盼這本書激勵更多人走上精進之道。

第一部

精進之道

即便在超級盃取得關鍵致勝分，接下來依然需要面對明天，然後又一個明天。如果我們選擇腳踏實地度日，展開精進之旅，那麼在一生當中，泰半時間都會是停滯期。如果我們拒絕走上精進之旅，那麼一生當中泰半時光，都將浮躁不安、心神不寧，想方設法逃離停滯期，最終自我毀滅。

引言

先從簡單的開始吧：用手碰碰你的額頭。

啊，這動作真是簡單，真是反射性，根本毋須思考。可是，好久以前，你一度連這個簡單的小動作都無法掌控，好比沒學過琴的人根本彈不了貝多芬的奏鳴曲。

當時的你，不過是個嬰兒。首先，你必須學會控制手部動作，設法讓手移到想要的位置。為此，你必須發展出一些肢體動覺的「印象」，才知道額頭和其他身體部位之間的關係；你必須把這些身體上的印象，和眼前大人身體的影像連結起來；此外，你必須學會模仿媽媽的動作。要知道，以上這些技能都至關緊要，現在甚至還沒談到語言這回事呢——想運用一門語言，你必須學會解讀構成字句的聲音，學會做出相同的動作。

唯有學會這整套技能，你才能參與每對父母都愛跟小孩玩的學習遊戲：「鼻子在哪裡？耳朵在哪裡？額頭在哪裡？」如同學習每一門重大課題，這趟學習歷程並非一條直線，而是分成不同階段，先有一波短暫的進步衝刺期，接著是一段毫無進展的停滯期，再來又是短暫進步期……依此類推。

話雖如此，你終究學會了一項必要技能，更關鍵的是，你學會了學習。學習，意味著最初難以達成的事情逐漸產生進展，經過再三教導與練習，做起來愈發輕易，愈發愉快。你已然踏上精進之道。既然你能學會碰觸額頭，自然也能學會彈貝多芬奏鳴曲，能學會駕駛噴射機，能學會成為更優秀的經理，能學會改善你與他人的關係。當代社會中，許多事物會引人誤入歧途，但精進之道會永遠留在那裡，等著我們。

第一章 何謂大師？

此事難以定義，但只要一說出口，所有人皆瞭然於心。它具備許多不同形式，但仍依循特定規則，無可改變。它能帶來豐厚獎賞，但與其說它是一項目標、一個目的地，毋寧說它是一個過程，一場行旅。這趟旅途，我們稱之為「精進之道」，眾人往往認定，唯有那些天賦英才的人，才持有通往這條路的特殊車票。然而，能夠在某個領域成為大師的人，絕不只有不世出的天才，或幸運提早展開旅途的人；這條路開放給任何願意持續前行的旅人，不分年齡，不論性別，也不需要經驗。

問題在於，我們手上沒有地圖可指引自己走完精進之道，甚至連找到路的起點都很困難，即便地圖確實存在，也極為稀少。實際上，現代世界彷彿編織了一個規模宏大的陰謀，竭力阻撓我們成為大師，時時刻刻承諾要帶給我們瞬間的滿足、立即的成功、快速而暫時的解決之道，毫不間斷轟炸我們，也讓我們愈加背離精進之道。愛抄捷徑、抗拒精進的思維已經蔓延整個社會，這些心態不僅使人無法發揮潛力，更危害健康、教育、職涯、人際關係，尤有甚者，還可能破壞國家的經濟生存力。這些負面影響容後再談，在此之前，我們先來探討何謂精進，又該如何成為大師。

只要你決定學習新事物，就能展開精進之旅，譬如學盲打、學下廚，或是受訓成為律師、醫生、會計師。不過，在運動領域中，有時會像詩歌或戲劇一樣，到達堪稱感動人心的特殊境界，此時運動員在時空中穿梭，擺動肢體，做出精準優美的動作，身心靈合而為一。要探索精進之道，運動是非常適合的起點，因為體能訓練較快見效，成果也易於觀察。以下就用網球這項流行的運動打個比方，說明成為大師的精進原則。這套原則適用於任何技能，無論在運動或其他領域皆然。

假設你體能不錯，只不過遠遠稱不上體態良好、技巧高超的運動家，頂多偶爾打打排球、壘球之類講求手眼協調的運動。有時你也打網球，但打得不多。說不定這樣更好，畢竟，要是你想成為網球大師，最好從零開始，省得改掉之前隨便玩玩養成的壞習慣。你找到一位教練，據說是個會為學生打好基礎的網球專家。你決定一週至少去三次網球場。就這樣，你踏上了精進之道。

剛開始，你一步一步慢慢來。教練教你怎麼握球拍才會在對的時機打到球，又教你練習揮正手拍，直到你找到手腕最好施力的姿勢。他站在你面前，和你在球網的同一側，對準你的額頭丟球，你每揮一次拍，他就叫你自行判斷剛才揮拍太早還是太晚。他教你怎麼配合手臂動作，一邊挪動肩膀和腰，一邊往前跨出一步，擊中網球。他適時糾正，不吝鼓勵，但你仍自覺笨手笨腳、四肢不協調，你總是要停下來思考才能讓各個身體部位同步，可是一停下來思考，就做不出行雲流水的動作。

漸漸的，你失去耐心。原本你打算多運動，偏偏這樣練網球連汗都出不了。你喜歡看球飛越球網，落在深綠色地面上，教練卻說以你現在的程度，還沒辦法這樣打球。你很在乎成果，可是現在一點成果都沒有，只是相同的練習一再重來：以正確姿勢握好球拍，了解該用球拍的哪一點打中球，肩、腰、手三部位同步動作，向前跨步，擊球……你似乎正原地打轉。

就這麼持續練了五週，練得垂頭喪氣，接著有一天，你開竅了。構成揮拍姿勢的分解動作漸漸變得一氣呵成，彷彿身體肌肉知道該怎麼做，再也不必費心記住各個細節。你越來越有餘裕觀察球的走向，由下往上揮動球拍，乾淨俐落打中網球。於是你手癢起來，好想更用力把球打得更遠，好想真正上場打球。

門都沒有。在此之前，都是教練丟球給你打，你站著不動就好，現在你得學著配合左右移動、前後踏步、斜線移位，回到預備姿勢，接著揮拍。你又開始覺得自己真是笨手笨腳，四肢不協調，好不容易累積的成果化為泡影，不禁灰心氣餒。正想放棄之際，你突然停止退步了。雖然如此，卻也沒有絲毫進益，日復一日，週復一週，始終看不到明顯進展。你進入了可惡的停滯期。

對大多數人而言，停滯期好比人間煉獄，可能勾起平時不願面對的情緒，暴露深藏心底的真正動機。你豁然開朗，你之所以練網球，不僅是為了運動，也為了保持良好體態、為了和朋友一起打網球、為了在球場上獲得勝利。你決定和教練談談。你問，還要練多久才能精通網球？

這位老師反問：「你是說，還要練多久才能想都不想就擺好預備姿勢，用正手拍漂亮打中目標？」

「對。」

他頓了頓。這是他最害怕的問題。「嗯，對像你這樣的人來說，因為是成年才開始打網球，假如一次練一小時，一週三次，達到這個程度平均要花五年。」

五年！你整顆心直往下沉。

「在理想狀況下，練習時間有一半都會拿來教學。當然了，要是你特別有心練網球，說不定不需要花這麼久。」

你決定再問一個問題：「那我還要過多久才能上場打球？」

「上場？這定義滿廣的。」

「我是說，跟別人對打，想辦法打敗他。」

「要我說，大概練六個月就可以試試看了，不過最好先不要把贏球當成最大目的。等你正手拍、反手拍、發球都練得差不多了，才能想辦法贏球，把這些全部學完大概要一年到一年半。」

你再次體認現實的殘酷。

教練接著解釋，網球不只是你要習慣球會跑、要習慣揮拍，最難的是你自己還要跟著動。況且，除非跟你對打的人很厲害，有辦法把球打到每個正確位置，不然在球場練習時，你泰半時間都要滿場撿球。練習牆是有幫助，發球機也不錯，可是以比賽對打而言，贏球關鍵在於誰先發球、誰先漏接球，通常只要來回打個三次，就會有一方得分，所以對打時練不了多少球。你真正需要的，是在適度控制的情況下，練習打中數千次球，由易入難一步步來：正手拍、反手拍、步法、發球、旋轉球、網前球、球的落點、戰術，如此循序漸進，任何一個階段都不能跳過。比方說，等你能夠好好控制球的落點，才能規劃戰術。每次進入新階段，你又會開始邊思考邊打，這也代表前面打下的基礎會暫時分崩離析。

你漸漸認清事實：若你打算精通網球，不可能如你最初期望的一樣立即見效，眼前是條看似永無止境的道路，途中還有不少障礙，最重要的是，你會在停滯期耗掉不少時間，一遇上停滯期，不管花上幾個小時刻苦練球，都不會帶來可見的進展。你是個極為重視成果的人，這狀況對你而言可謂前途黯淡。

你恍然明瞭，總有一天必須做出抉擇，也許現在就是抉擇的時刻。你有點想要立刻放下網球拍，走出球場，看看有沒有更輕鬆的運動。另一方面，你可以付出雙倍力氣，堅持要教練增加上課時數，日以繼夜練習。你也可以停掉網球課，僅憑目前所學直接上場，把練好球這件事拋到九霄雲外，跟那些程度相仿的朋友玩玩就好。話說回來，你也可以按照教練的建議，繼續走這條漫長的精進之路。你選哪一個？

每個人都會在生命中無數次面臨這個問題，必須做出抉擇，抉擇的對象不光是要不要練網球或其他運動，更涵蓋一切與學習、發展、改變有關的事物。偶爾，我們在抉擇之前會審慎思考，但很多時候卻是輕率下決定，甚至幾乎沒意識到自己已經選擇了。**這個消費至上、追求立即效益的社會彷彿唱著海妖之歌，我們受那悠揚歌聲所誘，經常採取短視近利的行動，得到的只是虛假的成功，以及空虛的滿足感**。有些時候，我們對於精進之道所知甚少，甚至一無所知，結果根本不知道自己能夠做出不同的選擇。然而，無意識的選擇也是一種決定，無形中剝奪了原本可以充分發展的潛能。

證據就攤在我們眼前：只要生來沒有重大基因缺陷，人人皆是天才。我們不需要任何正式訓練，就能掌握一套與日常生活密不可分的符號系統，也就是語言（有些人甚至精通多國語言）。我們能夠判讀臉部表情傳達的複雜含意，這麼了不起的事連世上最厲害的電腦都做不到，還會負荷過大而當機。

我們能夠解讀幽微的情緒變化，用不同方式表達情緒。即便沒受過正規教育，我們也能進行邏輯推演、抽象思考、建立有意義的階層體系。不僅如此，我們還能發明前所未見的事物，提出前所未聞的疑問，前往悠遠星際尋求解答。我們和電腦不同，有能力愛人。

所謂智力，其實分成許多類型。任教於哈佛大學、波士頓大學醫學院的心理學教授加德納（Howard Gardner）提出多元智能理論，認為智力至少分為七大範疇：語文、音樂、邏輯數學、空間、肢體動覺、外在人際關係、內在自省。儘管每個人在這七大範疇的才華各異，但無論是誰，都具備足夠的天賦，能夠抵達看似罕見又神秘的大師境界，有可能是在思想方面，有可能是在情感表達方面，有可能是在人際關係、企業組織方面，有可能是在藝術、工藝方面。

同樣的道理也適用於體能。過去有種說法：相較於叢林野獸、草原動物，人類的始祖實在太過弱小，既沒有尖牙利爪，也缺乏掠食者的特殊體能優勢，之所以能夠存活下來，靠的只是腦夠大、懂得運用工具而已。這套理論輕忽了人類還有一項強大的技能，也就是組織一個個複雜緊密的社會群體，這種行為其實比製作工具更困難，更是人類大腦變大的關鍵。

不僅如此，這個說法也輕忽了人體的力量。

花豹能夠迅疾衝刺，袋鼠能夠強力跳躍；海豚擅長水中特技，猩猩擅長林間擺盪……林林總總，毋須贅述。然而，事實是，所有動物的綜合能力通通比不上人類。假如舉辦十項全能競賽，項目包括短跑、耐力跑、跳遠、跳高、游泳、深潛、體操、搏鬥、踢擊、挖洞，大部分動物會在單一項目得勝，可是受過良好體能訓練的人類會在綜合評比拿到最高分。在耐力跑這個項目，人類會贏過所有體型相仿的動物，甚至擊敗部分體型稍大的動物。由此可見，我們不只在語言和情感上天賦異稟，身體同樣極具潛力，無論是誰，絕對都能精通某種運動，或是某項體能長才。

只不過，即便是天才，不管多麼卓絕超群，若是不願踏上精進之旅，這分才能終究虛耗，再不然就是迅速消磨殆盡。精進之旅帶你走上的道路，儘管無比困苦，卻其樂無窮，有時突如其來使你心碎，有時又給你意外收穫，而且這趟旅程永遠沒有終點。畢竟，如果有辦法只花一定的時間，就全盤精通某種技能，這技能想必沒什麼了不起。最終，你不僅會在某個領域日益進步，也會越來越了解你自己。在精進之道上，你真正學到的事物、學會的過程，一定經常令你詫異，不過，進步的軌跡幾乎都有規律，大概就像以下這條線。

現實中的精進曲線

精進曲線

成為大師，真的沒有捷徑可言。凡是學習新事物，總會在相對短暫的突飛猛進期之後，先稍微退步，接著進入停滯期，每段停滯期都比前一段更往上爬一些。右頁所畫的曲線經過適度修飾，人真正在學習時，進步的過程往往不是如此規律，每段突飛猛進期長短不一，停滯期也會有起有落；不過，大致而言，每種學習進程幾乎相同。若要實踐精進之旅，你必須勤加練習，努力鍛鍊，才能更上一層樓。但如此一來，你也必須願意耗去大把時間，熬過停滯期，即便看似原地踏步，也非持續練習不可，這是一旦選擇展開旅程便無法逃避的現實。

為何進步總是時斷時續？為何沒辦法一路穩定向上發展，直至成為大師？如同上述的網球案例，我們總得一而再、再而三練習不熟悉的動作，直到「肌肉記住這個動作」或「身體熟悉到自己動了起來」，雖說科學家尚未完全參透這背後確切的原理，不過實際情形大約與這幾句俗語相去不遠。史丹佛大學神經科學教授皮布姆（Karl Pribram）是腦科學領域的先驅，曾用一套理論解釋學習的過程。首先，人腦中有一套「習慣動作系統」（habitual behavior system），一般人平時不太會意識到它的存在，此系統包括位於脊髓的反射迴路，以及腦內幾處與反射迴路相連的部位。有了習慣動作系統，你才能不假思索做出特定行為，比如把球路刁鑽的網球給打回去、撥吉他絃、用非母語的語言問路等等。不過，剛開始學一項技能時，你還是要停下來思考，設法以全新的感覺、動作、認知模式取代舊有模式。

接著上場的是認知系統（cognitive system）及勞力付出系統（effort

system），前者與習慣系統相連，後者與位於腦部下方的海馬迴相連，這兩個系統會暫時被分配給習慣系統，目的是調整習慣系統，使它學會新行為。換句話說，認知及勞力付出系統會先接上習慣系統，改寫習慣系統的程式，等到改寫完畢便切斷連結。到了這個階段，在你做某項新技能時，已經不必停下來思考了，比如邊揮拍邊思考正確的握拍方式。

了解這個理論，你就會明白，精進曲線上的橫線部分看似停滯不前，但其實也有重大且新鮮的改變正悄悄發生。學習通常分為不同階段，每當習慣系統學會新任務，認知系統與勞力付出系統切斷連繫之後，該階段便會結束，這代表你做這項任務時，已經不需要大費周章思考細部流程了。此時，表面上沒有明顯的進展，可是你從頭到尾都在學習。

如果想成為大師，該怎麼做才是最佳之道？一言以蔽之：勤練不輟，但目的不在成果，純粹是為練習而練習。即使進入停滯期也不要洩氣，要學著如同遇到突飛猛進期一樣，接受它，享受它。

不過，現在就談享受停滯期仍為時尚早。在此之前，得先介紹三種不同個性的人，分別是三分鐘熱度型、執著完美型、不思進取型。這三種人以不同方式，選擇逃避精進之道，庸庸碌碌過完一生。誰知道呢？說不定，我們會在其中看見自己。

第二章　三種人生態度

人人嚮往成為大師，只可惜精進之道的旅途顛簸路迢迢，果實需要耐心等候又得來不易，結果我們轉而選擇其他道路。每條路都會吸引不同類型的人，你能不能根據以下描述，辨認自己屬於哪一類？

三分鐘熱度型

這種人遇上新的運動、新的工作機會、新的人際關係，總是滿腔熱血。

他們熱愛某件事剛開始起步的過程，熱愛時髦光鮮的工具設備，熱愛新領域的行話，熱愛新事物閃閃發亮的光澤。

打個比方來說，要是三分鐘熱度型的人學習一項新運動，在初次取得大幅進展時，他會欣喜若狂，把動作演示給家人、朋友、街上的路人看，簡直等不及下一堂課了。一旦突飛猛進期結束，他會震驚萬分，緊接在後的停滯期更令他無法接受，甚至難以理解，於是一腔熱忱迅即消褪，開始翹課，卻又在心中不斷合理化自己的行為：這運動真的不適合他，不是太強調競爭，就是太不注重競爭；不是太激烈，

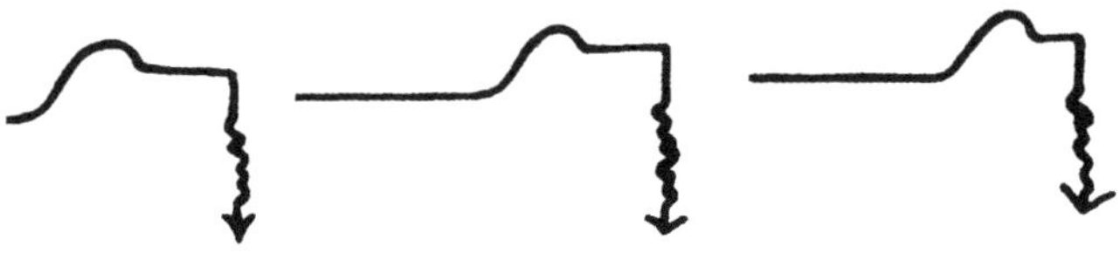

三分鐘熱度型的學習曲線

就是太和平；不是太無聊，就是太危險……諸如此類。他逢人就說，他的需求比較特殊，這項運動沒辦法滿足他。只要改學另一種運動，這種人就能再次重溫新事物展開的過程，或許這次會撐到第二段停滯期，或許不會。然後，他又跑去學另一種技能了。

相同狀況也發生在職場。三分鐘熱度型熱愛新工作、新辦公室、新同事，不管走到哪，他都會看見新的機會。他對預想的高收入垂涎三尺，只要工作上有些微進展跡象，便眉開眼笑，昭告親朋好友。噢不，他又遇到停滯期了，或許這份工作終究不適合他，該開始找新工作了。三分鐘熱度型的人通常都有寫得很長的履歷。

在戀愛關係中（你或許意外，竟然可以從這方面來判斷一個人是否能成為大師，不過觀察這方面還挺準的），三分鐘熱度型最擅長熱戀期。他縱情享受雙方的挑逗與臣服，描述自己的生命故事，互相設下愛情的詭計與圈套——這一切，徹底滿足了他的自我中心。若最初的熱情開始冷卻，他便轉頭去採路邊的野花野草。要這種人好好走完精進之道，無異於逼他改變自己；畢竟，像這樣乾脆把整段戀情砍掉重來，換另一個人的床躺躺，是多麼輕而易舉的事啊。三分鐘熱度型常自認為探險家、嘗鮮專家，但最能形容他的詞彙，應該是心理學家榮格（Carl Jung）所謂的「永恆少年」（*puer aeternus*），也就是長不大的孩子。他身邊的情人換過一個又一個，但他本身卻永不改變。

執著完美型

執著完美型的人講求成效，不甘屈居第二。**他很清楚，成果才是最重要**

的，採取什麼手段都無所謂，只要手腳夠快就行。結果，才上第一堂課，他就非打出完美的抽球不可。下課後，他還要留下來跟教練談，問教練有沒有推薦的參考書或錄影帶可買，好讓他進步得更快。他講話的時候，會稍稍前傾，湊近聽者；走路的時候，重心偏向前方。

剛開始，他進展穩健，第一段突飛猛進期全在他意料之中。但是，他的進步速度仍不可避免地減緩，進入了停滯期。他完全無法接受這種情況，於是加倍努力，毫不留情鞭策自己，儘管上司和同事勸他適可而止，他卻聽不進去。他連夜加班，甚至想抄捷徑，只求立刻拿出成績。

執著完美型的學習曲線

美國企業中的經理人大多都虔誠信奉「利潤至上」的信條，他們往往就是執著完美型，致力於讓獲利曲線保持向上發展，然而，一味追求利潤卻可能犧牲掉研究開發、長期規劃、需投入大量時間的新產品開發、投資設廠。

在愛情關係中，執著完美型的人追求濃情密意，渴望四處樂聲悠揚、好似乘太空船飛上星空的戀愛。和三分鐘熱度型不同的是，當激情逐漸冷卻，他不會把目光移開，而是千方百計讓太空船永遠開下去：送對方奢華禮物、在床上變盡花招、安排浪漫誇張的約會……他並不明白，停滯期之所以有其必要，正是因為那也是關係發展的一環。結果他的戀情宛如雲霄飛車，一時激烈決絕地分手，一時柔情繾綣地復合。最終，他和情人仍不免走上分離之路，弄得彼此痛苦不堪，既沒有學習到什麼，也未能在性格上有所成長。

執著完美型的人不管做什麼，都能設法一再取得進步，但緊接在每一段短暫的進步期之後，都是劇烈的倒退；就這樣一路波動起伏，終將迎來失敗。

一旦失敗，他很可能感到受傷，甚至波及親朋好友、同事、股東、情人。

不思進取型

不思進取型的人又是另一種態度——他只要稍微掌握某件事的訣竅，便甘心永遠留在停滯期。他不介意跳過精進之道上必經的階段，反正他可以出門和同樣不思進取的好朋友廝混。如果他是醫生或老師，他根本懶得參加專業會議；如果他是網球選手，他只會練好正手拍，反手拍打

不思進取型的學習曲線

得不太標準也就算了；在職場上，他得過且過，總是準時甚至提早下班，能偷懶則偷懶，光說不做，還暗自疑惑為何升遷都輪不到他。

在不思進取型的人眼中，婚姻或同居並非學習發展的契機，而是一個舒適的避難所，使他遠離外界未知的風雨。他願意進入穩定的一夫一妻婚姻，在他看來，婚姻的功能主要是一種經濟、家庭體制，其中夫妻角色定義明確，亙久不變。這種傳統婚姻關係有時運作良好，然而在現代社會，甚少有伴侶願意永久停留在毫不變動的停滯期。要是你的網球搭檔日益精進，你卻原地踏步，比賽總有一天會打不下去，相同的情況也適用於愛情關係。

你是哪一種人？

顯而易見，在真實生活中，不可能把這三種類型切割得這麼清楚。說不定你在談戀愛時是三分鐘熱度型，在藝術領域卻是一位大師；說不定你在職場已展開精進之旅，在高爾夫球場卻不思進取，也說不定情況恰恰相反。即便在同一個領域，說不定你有時候走在精進之道上，有時候卻變成執著完美型，依此類推。不過，一個人通常會有一種基本型態，影響人生中的各個層面，既反映也塑造你的行為表現、性格，甚至命運。

我在演講或帶工作坊時，偶爾會描述這幾種人的特徵：大師、三分鐘熱度型、執著完美型、不思進取型，接著請聽眾舉手告訴我，除了大師以外的這三種類型當中，他們最像哪一種。幾乎每一次，聽眾都平均分成三群，從接下來的討論也可以發現，大部分的人都很快就認同本章敘述的這三種性格。

因此，這三種性格有助於我們了解，為何自己未能順利展開精進之旅。

然而，成為大師的關鍵在於即刻踏上那條路，持續往前走。下一章將會說明，我們面臨的第一項挑戰，正是我們身處的社會。

第三章 反精進戰爭

假如你決定展開精進之旅，或許會發現，自己違背了時下主流的美式生活。其實，美國這個高度消費主義的社會，已全面燃起一場反精進的戰爭，最明顯的就是價值體系正在變遷[1]。從前，價值觀會透過各種機制深植人心，比如家族教誨、部落或村莊的長者、運動競賽、學徒制、傳統學校教育、宗教薰陶與實踐、各種靈性和世俗儀式，然而，隨著大部分機制逐漸衰敗消失，

編註1 本書於一九九一年在美國出版，當時美國經濟繁榮，個人電腦剛開始普及，電視仍是最主要的傳播媒介。

美國的價值觀教育也產生奇特的變化。

如今，美國社會奠基於一套經濟系統，似乎逼著消費者不斷大把揮霍，提供五花八門的消費方式，種類之多前所未有。我們要買食物、買衣服、買住宿、買交通、買醫療，在一定價格範圍內，都有許多不同方案可供選擇；此外，還有琳琅滿目、誘人無比的非必需品，比如郵輪度假、快艇、微波爐等。每一次花錢，都等於在宣告我們重視什麼，要了解一個人的價值觀，最清楚直接的方式就是看他買的東西。也因此，所有企圖說服閱聽者花錢的廣告宣傳（包括傳單、廣播電台、電視廣告、郵購等等），都是為了傳達某種價值觀。實際上，這些廣告早已成為當代最主要的價值觀傳播機制。

仔細留意電視廣告，其中傳達了什麼價值觀？有些煽動恐懼（買我們的旅行支票吧，不然你下次出門旅行可能會被搶）；有些提倡理性思考，甚至宣揚節省（我們家的車比最大競爭對手的產品更好，理由有這幾個，而且更便宜）；有些利用虛榮心（在一棟高雅的鄉間別墅，人人衣著光鮮，啜飲某牌氣泡水）；有些則鼓吹純粹享樂（天寒地凍的冬夜，一對年輕情侶途經一家旅行社，望見櫥窗海報上的信用卡照片，轉眼之間，兩人便抵達夢幻熱帶樂園）。

持續觀察下去，會發現這些廣告潛藏的模式。約莫半數廣告，無論主打什麼商品，都把重點放在一霎那的高潮：蛋糕已然烤好，親朋好友個個滿面紅光，團團圍在桌邊，注視可愛的三歲孩子吹滅蠟燭；馬拉松比賽已然結束，年輕的俊男美女因贏得比賽喜不自勝，伸手接過冰冰涼涼的健怡可樂；廣告中只花一秒半描繪某人認真工作，接著就下班喝啤酒了。這些廣告告訴觀眾，美好人生就是由一連串高潮時刻組成。

不僅如此，就連那些情境喜劇、肥皂劇、犯罪推理劇、音樂錄影帶，多半是同樣急促緊湊的劇情公式：①只要花半小時賣弄小聰明、耍耍嘴皮，在片尾播廣告前，一切都會歡喜收場。②別人好難搞，工作不用太認真，最好快點發財致富。③不管闖什麼禍都沒什麼大不了的，只要掏出手槍，拿閃亮的槍口對準別人，任何問題都會瞬間解決。④不管是多不可思議的幻想，都能立即實現，不費吹灰之力。

阻礙人踏上精進之道的關鍵，與其說是這些節目的特定內容，不如說是節目的「節奏」——**頓悟接著頓悟，夢想接著夢想，高潮接著高潮，根本容不下停滯期。**

社會所鼓吹的人生曲線

高潮迭起之路

約有兩代美國人生長於電視時代，正是在這個時期，消費主義支配了我們的價值體系，到達前所未有的程度。既然如此，許多人認為生活中理當高潮不斷，這也就不令人意外了。不過，我們日復一日的平凡人生並不符合原先的期待，這時該怎麼辦呢？在缺乏指導、缺乏紀律、缺乏修練的狀況下，該如何製造連綿不絕的高潮？很簡單：嗑藥。

一味追求高潮必然迎來的結果

自然，嗑藥無法解決問題，長期下來反而會毀掉人生。但是，在流行文化與電視廣告中，誰想談什麼「長期下來」？誰願意在廣告訊息中警告觀眾，要是你想製造連續不斷的高潮，不管你有沒有嗑藥，最終必然落得和上一頁的曲線相同的結果？

賭博惡習已如流行病般迅速傳染，席捲全美[2]，由此可見，反對花時間下工夫的論調如今多麼不加遮飾、大肆宣傳。伊利諾州做了個樂透彩券廣告，男主角對別人買儲蓄債券的行為嗤之以鼻，再三強調對一般人來說，買樂透才是唯一的致富之道。在美國廣播公司電視頻道上，第一個描寫高中生畢業危機的廣告，是一群年輕人聚在一起閒聊，演員個個是俊男美女，實際年齡估計都超過二十一歲，不過在廣告裡看起來跟高中生差不多。其中一人先說道：「我要參加全美房車錦標賽。」接著有個女孩說要去夏威夷度假，另一人說要去買彩券，贏取五萬美元獎金。在這些青少年美好的想像中，自己必定贏得獎金無疑，不過純就機率而言，在貯水槽、汙水池或水井裡淹死的可能性還比較大。

另一則宣傳賭博的廣播廣告，敘述一名年輕男子在速食店餐廳打工，做漢堡時遭弟弟撞見，只好難為情地解釋他想存錢買職業足球賽的票。弟弟問道：明明可以買彩券，何必打工？這位年輕男子豁然開朗，索性把漢堡肉煮焦，還把沒解凍的薯條送到客人桌上。「管他那麼多！」他喜孜孜地說：「只要贏彩券就好了，根本不需要這份工作。」

如果想從這些廣告傳遞的訊息中歸納出共通意義，結論會是這個國家終將自取滅亡。無論如何，或許我們可以推斷，藥物濫用之所以在美國屢見

編註2　一九八〇年代起，美國許多州相繼通過賭博合法化，賭博業迅速成長。

不鮮（特別是讓人迅速亢奮起來的藥物），歸根結柢並非出於悖德或犯罪心態，而是一種極易理解的衝動：想要複製最廣受宣傳、最強而有力的美式「好生活」，也就是連綿不斷的高潮。這種人生觀並非電視節目憑空發明而來，其實也反映在我們怎麼談勝負之爭（不管用什麼手段，你就是要贏）、怎麼談輕鬆學習；反映在一夕爆紅的名人、一夜致富的暴發戶；反映在剛取得一分就要往空中一揮的「第一名」手勢。對高潮的渴望，正是美國普遍的企業願景，連貧民區年輕毒販也抱持同樣精神。人類學家布儒瓦（Philippe Bourgois）曾在東哈林區生活五年，研究當地文化，他說：「有些採『貧窮文化』論的學者認為，窮人不夠社會化，不會抱持主流價值觀；但就我的經驗來看，這種假設是錯的，事實恰恰相反。在貧民區，心懷遠大夢想、充滿活力的年輕人之所以受到地下經濟吸引，正是因為相信『窮小子翻身』的美國夢。他們就如主流社會的人一般，發狂似的只想盡早發筆大財。」

這般抄捷徑、反精進的心態，幾乎滲透了生活的各個層面。看看現代醫學和藥物——清一色「立即見效」的口號，一有症狀便馬上開藥，忽視潛在病因。越來越多研究指出，大多數病症都是受外在環境因素引起，或者源於不良生活型態。可是，看一次門診的時間通常只有十二分鐘，醫生往往連病患的長相都來不及看熟，更別談要了解病患的生活狀況了。不過，這段時間拿來開張處方箋倒是很充裕。

冠狀動脈疾病是美國第一大死因，但舊金山的歐尼斯醫師（Dean Ornish）及其團隊做過一項創新的研究，取得強而有力的證據，證明即便身患冠狀動脈疾病，只要長期控制飲食，配合適量運動、瑜珈、靜心冥想、親友支持，就能改善健康，不須服藥，也不須動手術。怪的是，這套療法竟然遭某些醫師批評「太過激進」。假如這叫激進，那對這些醫生而言，什麼才叫「保守」？難道是把胸腔剖開、死亡機率百分之五、神經損傷機率百分之

三十、說不定徒勞無功的繞道手術？這種手術可能得每隔幾年便重開一次，每次花費三萬美金，但這些都不要緊，反正開個刀快又省事。

至於工商業呢？在美國，或許就屬這兩個領域最需要借鑑精進原則。電影剪輯師拉爾夫．溫德（Ralph E. Winter）寫過一篇文章談當代追求精簡架構的潮流，刊登於華爾街日報，文中寫道：「多虧了缺乏耐心的股東和資本雄厚的公司購併客，已經沒人在乎長期均衡成長這種事了。如今，焦慮的主管生怕丟掉工作，或是生怕把公司搞垮，於是把全副精神放在增加近程利潤，精簡組織、配置資產，結果不但犧牲掉均衡，也犧牲掉成長。」所謂融資購併就是最好的例子：購併是一個巨大的高潮，少數人在短時間內大賺一筆，但公司本身的價值及國民經濟並未成長多少，公司購併客竟然還搖身一變，成為文化英雄。

不過，今日身為英雄，也許明日便淪為賤民。現在已經出現一些徵兆，顯示對於那些因渴望快捷成功而衍生的事物，諸如一夕致富之道、保證體重狂掉的減肥飲食、合法非法的神奇藥方、樂透、彩券、各式各樣令人眼花撩亂的玩意，大眾已經開始幻滅了。這場反精進戰爭會招致多大的災難，已有實例可資證明：一九八〇年代的儲貸危機，為少數人快速帶來利益，卻使多數人長期陷入艱困的生活。可別以為此事件和反精進的思維八竿子打不著，其實兩者大有關係。有些人以為不必長久耐心耕耘，就能習得新技能或減重；正是同樣的思考邏輯，使另一些人以為就算不事生產，也能累積大筆財富。

贏不了的戰爭

我深知選在此時批判特定美式價值觀並不明智[3]，畢竟如今是美國和西方國家的輝煌年代，無論在世界各地，即便在領袖與美國為敵的國家，都有越來越多人嚮往美式生活。極權政府搖搖欲墜，人民對自由民主政治的渴求從未如此強烈，可見自由乃是大勢所趨，無庸置疑。在大多數國家，事實都越來越顯而易見——自由市場經濟中的回饋與激勵機制，正是國家所需要的。

這是千真萬確的勝利，可喜可賀。然而，我們亦須審慎自省，因為對一個社會而言，最輝煌的勝利時刻，正是最危險的時刻。假如我們對自由市場經濟的缺陷視而不見，那就太愚昧了。長期下來，自由市場經濟必然產生矛盾，這些矛盾非但不受環保觀念和社會正義所抑制，又因失控的消費主義、縱欲、簡單快捷的解決方法，日益加深。我們千方百計追求成長，不擇手段，結果卻是不斷破壞環境；我們千方百計追求高潮不斷的幻象，結果卻使自己的心靈受到損害。

精進之道不僅適用於個人，也適用於整個國家。美國此刻的繁盛，奠基在積欠已久的龐大債務之上，包括環境整治、基礎建設修復、教育、社會服務，換算成金錢的數字少說上兆美元，一切都肇因於一味求快的心態。我們之所以積欠這筆債務的原因，恰恰也是信用額度之所以如此寬鬆的原因，以及社會之所以持續鼓吹大眾消費、無視儲蓄與長期收益的原因。我們只歌頌成果，無視過程，結果是產品粗製濫造，進口貨大舉登陸。那些把生活描繪成一連串高潮的廣告所蘊含的強力訴求，其實與藥物濫用、賭博習慣迅速蔓延不無關係。只可惜，不管是超市中塞得滿滿的商品架，還是車陣大排長龍的高速公路，都無法彌補毒癮寶寶的哀哀哭泣，無法彌補大眾失去的學習能力（無論是在校或出社會），無法彌補日漸加劇的貧富差距。

編註3　本書在美國出版之際，美蘇冷戰已接近末期，美國國力強盛，蘇聯即將解體。

美國依然是世上最生機勃勃的國家，極為自由、充滿活力、思想創新，這些特點仍是世界各國的典範；不過，我們還能得意的日子或許不多了。**越來越多人過度執著於立即的結果，拒絕耐心耕耘，長此以往，我們終將輸掉這場反精進戰爭。**

第四章 學著享受停滯期

年紀還小的時候，人家都說，一定要用功念書，才能拿到好成績。再來人家說，要拿到好成績，才能念完高中，然後上大學。人家說，要念完高中上大學，才能找到好工作。人家說，要找到好工作，才能買房購車。我們一次又一次聽人說，一定要做到什麼，才能得到什麼，結果我們的一生便虛耗在一個又一個應變計畫上。

應變計畫無疑很重要，達成目標也很重要。可是，無論人生的滋味是苦是甜，重點其實不在於努力過後得到的成果，而是在於努力的過程，在於好好感受自己活著。我們經由無數不同管道學到一件事：要重視結果，重視獎賞，重視高潮的瞬間；然而，即便在超級盃取得關鍵致勝分，接下來依然需要面對明天，然後又一個明天。如果我們選擇腳踏實地度日，展開精進之旅，那麼在一生當中，泰半時間都會是停滯期。如果我們拒絕走上精進之旅，那麼一生當中泰半時光，都將浮躁不安、心神不寧，想方設法逃離停滯期，最終自我毀滅。問題仍懸而未解：在我們成長、受教育、發展事業的過程中，何曾有人教我們享受停滯期，甚至真心喜愛停滯期，即使費心耕耘卻原地踏步也不氣餒？

我很幸運，在已屆中年之時，認識了合氣道。這種武術難度甚高，幾乎無法抄捷徑求快，停滯期就這麼血淋淋地攤在我面前。剛開始學合氣道，我單純地認定自己會穩定進步。第一次停滯期還算短，所以我不甚在意，可惜約莫一年半以後，我不得不認清現實，明白自己正身處極為漫長的停滯期。這個頓悟令我頗為錯愕失望，但我設法熬了過來，終於取得明顯的進步。再度看不到明顯進展的時候，我內心暗想：「可惡，怎麼又是停滯期。」過了幾個月，我又一次取得突破，進步一段時間，接著，自然是無可避免的停滯。不過，就在這次，神奇的事發生了——我發現自己是這麼想的：「喔，又是停滯期呀。也好，我可以就這樣停滯下去，持續練習就行，遲早會重新開始進步。」在整趟旅程中，這是我最感溫暖窩心的時刻。

武術教會我的一課：規律練習之喜悅

當時，我去的合氣道道館僅成立一年六個月，會定期上課的學生程度都不超過藍帶。全館唯一一位黑帶就是教練，對我們來說，教練的等級如此之高，彷彿身處一個截然不同的世界，我做夢也不曾想過自己可能進入那個屬於少數人的殿堂。我原本性格急躁，注重功利，總是選擇最快最直接的方式，只求達成目的，如今卻規律勤練合氣道，不預設任何目標，純粹為練習而練習，這麼一練下去就是數月，定時上課，未曾中斷。這對我而言是全新的經驗，也是一項啟示。這些一堂接著一堂、永無止境的課，之所以帶給我極大的成就感，套用現代禪宗的用詞來說，正是因為我「不求特殊」。

我十分享受走進道館後的例行公事，宛如一套儀式，儘管千篇一律，卻始終令我感到新鮮：進門後一鞠躬，從櫃台架上取出我的會員證，走進更衣室，換上道服。我愛那令人心安的汗味，克制音量的交談聲；我愛在走出更衣室時，看看哪些同學正在暖身；我愛再次鞠躬，踩上訓練墊，感受腳掌下涼冷平穩的觸感；我愛和同學一起坐下，所有人皆採取正坐，排成長列；我愛看著教練進門，照慣例一鞠躬，暖身，接著增加訓練強度，節奏變快，我的心跳隨之加速，呼吸愈發急促。

我也並非總是如此期盼練習。有些時候，明明就快上課了，我卻特別懶怠。每逢這種日子，我寧可做些別的事情，什麼都好，也不願站上訓練墊，面對自我。偶爾，我會屈服於人類不可避免的劣根性，拒絕做對自己有益的事，浪費一整晚混水摸魚。然而，我心底非常明白，若是克服這份怠惰，我會獲得一個小小的奇蹟作為獎賞——我知道，不管我在爬上道館樓梯的路上有什麼感受，兩小時以後，待我把摔法和倒法重複練過上百次，走出道館的我將會精力充沛，通體舒暢，心情好到彷彿連黑夜都閃閃發亮。

我在此重申，這份快樂和我是否進益、是否達成目標毫不相干。有一天，經過整個週末的馬拉松訓練，教練把我和另一位同學叫進辦公室，授予代表一級的棕帶（僅次於黑帶），其實我還嚇了一大跳呢。過了約莫一年，某天晚上，我們四個程度最好的棕帶學生彼此聊了幾句，稍微談了下說不定總有一天可以升上黑帶，這想法令我既興奮又困擾。再次來道館上課時，我便察覺自己的心境已然轉變，野心正悄悄蠶食我丹田上的中心。

也許一切純屬巧合，不過就在那次聊天後，三週之內，我們四人全都受了不小的傷：腳趾骨折、手肘韌帶撕裂傷、肩膀脫臼（是我）、手臂三處骨折。受傷是很有效的教訓，我們痊癒以後便調整心態，照舊不預設任何目標，規律練習。又過了一年半左右，我們四人全數晉級黑帶。

這並不是說我們得過且過。換成不思進取型的人，一旦遇上停滯期就會停止努力。事後回想那段時光，我才恍然明白，儘管當時我們仍有許多不足之處，但絕對都走在精進之道上。和不思進取型的人不同，我們勤於練習，盡可能加強自己的技巧，然而我們也學到教訓，明白操之過急可能帶來惡果，因此願意給予停滯期必要的時間。野心仍在，只是受到約束。於是，我們再度享受練習、熱愛停滯期，結果，我們也因此進步。

享受停滯期的美好

在修練一套要求極高、毫不留情、但使人獲益良多的武術時，這種必然的矛盾會更為顯著。但我認為，凡是人類從事的活動，只要涉及重要知識的學習（不管是精神、體能、情感或靈性層面），道理皆是如此。即使社會已發動一場十萬火急、效果昭著的反精進戰爭，仍有成千上萬的人雖然注重成績，但也全心投入過程，享受停滯期。這樣的人都在事業上取得成就，活出極為精彩的圓滿人生。

「寫作的幸福無與倫比。」一位作家友人如是說：「只要開始寫作，一切不順遂都煙消雲散。一走進書房，我就開始接收到快樂的訊號：架上的書籍，房裡獨特的氣味……這些訊號，漸漸和我過去的作品、和我手邊的創作連結在一起。就算整夜沒睡，疲憊也會一下子消失。各種寫作的快樂正等著我，例如琢磨出好句子，或是得到新的啟發等等。」

「很多人會因為老師或爸媽說他們應該做什麼，就去做什麼。」奧運體操選手威德馬（Peter Vidmar）曾說：「不過，為了爭名逐利或為了得獎才投入某件事，是不會有效的。**若你找到心之所欲，你就不會乾等著別人幫你解決問題，早就自己想辦法解決了。我還是會設下目標，但是我之所以下苦工達成，最根本的原因在於我熱愛這件事。**我最初只是覺得體操很有趣，完全沒想到會變成奧運選手。」

「養成習慣很重要。」一位成功的畫家說，她每週去工作室五天，一天四小時。「一開始畫畫，我就會有種美好的感覺，很滿足、快樂。我喜歡感受自己穩穩一步一腳印前進，我覺得『一步一腳印』形容得很貼切。如果進展順利，我會覺得：『這就是我的本質』。構成我本質的基礎就是習慣，要是我放棄這項習慣，等於背叛了我的本質。」

在我孩提時代，父親週六早上都會帶我一起進辦公室。我想，他也不是非去不可，只是自然而然地去了，那裡可說是他自我磨練的地方。他從事火災保險這一行，一邊處理信件，一邊放任我在辦公室內閒晃，隨我擺弄在那個年代算是很先進精巧的機器：穩重的直立打字機、手動加數機、釘書機、打洞機，還有一台老式錄音機，可以錄下我的聲音，再播出細微的仿聲。

我熱愛週六早晨的寂靜，熱愛膠水、墨水、橡皮擦、磨損木地板的味道。我會撥弄那些機器、摺紙飛機，自己玩一陣子，但接下來總會跑進父親的辦公室，坐在那裡看他，著迷於他的專注。這時的他沉浸在自己的世界，極為放鬆，卻又全神貫注，手上馬不停蹄打開大小款式五花八門的信封，按照內容分門別類，交代秘書重要事項。整個工作過程中，他嘴唇微啟，呼吸平穩，目光柔和，雙手動作穩健，幾乎不經思考。我還記得，當時不到十歲的我默默思索，自己是不是總有一天能像父親一樣，全心投入一件事情，或是如此享受工作。我在學校上課時顯然辦不到這點，寫功課也老時斷時續、愛做不做的。雖然我那時年紀尚小，不過我早已知道，父親是個頗具企圖心的人，非常渴望工作帶給他外在的獎賞，像是公開表揚，甚至是出名；但我也明白，父親熱愛這份工作——熱愛這份感覺、這個步調、這種質感。後來，父親的同事告訴我，父親在這一行是最頂尖的。儘管如此，他始終未曾獲得渴求的表揚和名聲。然而，表揚帶來的滿足往往不如預期，名聲則有如口渴之人眼前的海水。你對工作本身的熱愛，那種即使得不到外在獎勵也願意持續做下去的熱情，才是真正的佳餚美饌。

大師的容顏

凡是走在精進之道上的人，臉上往往都有相似的表情，也就是我父親投入熱愛的工作時，那副聚精會神的容顏，就算在體力到達極限、極度疲累的狀況下仍是如此。我們所熟悉的體育攝影，多半只拍兩種特定的時刻：一是勝之振奮，二是敗之沉痛，於是我們一次次見證賽事高潮的瞬間（體能耗盡的疲憊、選手臉上或痛苦或勝利的神情），徹底忽略了整場比賽的過程。但我認為，真正的大師容顏應該是從容鎮定，偶爾帶著微笑。其實，那些運動場上最受人敬慕的高手，有時就像進入了另一重境界——即使被對手逼入絕境，四面八方湧來觀眾的嘶吼尖叫，他們總是看似輕鬆地完成艱難、甚至不可能的任務，在可能走向混亂的局勢中力挽狂瀾，開創和諧。

我在準備撰寫《君子雜誌》那篇談精進之道的特別專欄時，決定找出最能呈現「大師之顏」的照片，便從各大照相館找來上百張相片和透明正片。果不其然，在成堆攝下「勝之喜、敗之痛」的照片中間，零星夾雜著我正在尋找的面容：長跑選手史考特（Steven Scott）在一英里賽跑轉過最後一個彎，神色平靜，全身放鬆；游泳好手盧根尼斯（Greg Louganis）站在跳板邊緣，表情沉著專注；體操選手威德馬完成整套地板動作，強韌的肢體做出不可思議的姿勢，臉上聚精會神；籃球名將賈霸（Kareem Abdul-Jabbar）使出著名的「天勾」投籃，神情顯露內心的愉悅。賈霸這個人自尊心不低，想必很享受籃球生涯帶來的財富、名聲和各種好處，可是比起那一切，他更熱愛「天勾」。

如同我之前所說，目標和應變計畫確實重要，但這兩樣事物只存在於未來和過去，超越人類的感知。反之，通往大師的途徑：練習，卻是存在於當下，看得見、聽得到、聞得出、摸得著。**熱愛停滯期，意味著熱愛永恆的當**

下，意味著享受必經的進步衝刺期以及成功的果實，然後欣然接受等在衝刺期之後的新一輪停滯期。熱愛停滯期，意味著熱愛生命中最必要、也最恆久不衰的事物。

精益求精的五大關鍵

若是一位極具潛力的學生如此問道：「要練多久才能精通合氣道？」對於這個問題，唯一合理的回答是：「你覺得自己會活多久？」

引言

每個人天生都具備學習能力，能夠活到老學到老，這正是人類有別於其他生物之處。長久以來，關於人類的定義幾經改易，有人認為人類的特長在於建造、有人認為在於工作、有人認為在於鬥爭，不過這些定義都有失偏頗，甚至有誤。人類的特長在於「學習」，這簡單的辭彙，其實正是人類這一種族的本質。

由此角度觀之，有些技能明明不在人類基因之中，人類卻能加以熟練精通，這種學習的過程可說是最具人類色彩的行為。人的一生中，最早學習、練得最精熟的技能，其實並非來自正規教育，而是習自世界這個大學校。早在孩提時代，初學說話走路之際，我們每個人都已展開精進之旅，身邊每個大人和年紀稍長的孩子都是語言老師，在我們成功做到時報以微笑，允許一些偏差，也不太可能對我們訓話，換言之，他們是世上最棒的老師。學步過程也是如此，有了這些不吝鼓勵、充滿包容的老師引領，加上地心引力總會即時給予果斷的教訓（地心引力可謂教導大師），我們學會直立、擺動雙腿行走。話說回來，人類本就具有易於學習語言和直立行走的基因。

然而，年紀漸長，我們不得不在無人協助的環境裡，學習不存在於基因中的技能（畢竟，在現代智人早期演化過程中，噴射機和平台鋼琴尚未存在）。隨著我們漸漸長成青少年、長成大人，我們越來越需要找到只屬於自己的精進之門。本書接下來第五章至第九章，便提供了開啟這些門扉的關鍵之鑰。

第五章 關鍵一：教學

有的技能儘可自學而成，有的則可以努力試著自學，不過，假如你有意踏上精進之道，最好的選擇就是覓得第一流老師，畢竟自學的風險較高。自學固然也有好處，比方說，你不知道哪些事情是辦不到的，也就享有更多嘗試的自由，說不定還會無意闖入前人從未開拓的領域，因為普通探險者一開始就把這些領域排除在外了。有些自學之人就是因此成功的，例如著名發明家愛迪生和富勒（Buckminster Fuller）。但是，大多數人其實只是窮盡一生，重複前人早已做過之事，做出來的成果未必勝過前人，卻又不肯承認。即便是總有一天會突破傳統行事思維的人才，也得先知道自己要突破什麼。

教學形式五花八門，以大部分技能而言，如果想要精通，最好的方式就是直接拜入大師門下，可以一對一教學，也可以小班授課。除此之外，學習方式還包括書籍、影片、電腦教學軟體、電腦模擬器（如飛行模擬器）、團體教學、去教室上課、向知識豐富的朋友請益、找顧問、和同事交流、甚至是整個社會。話雖如此，跟隨單一教師或教練上課仍是最標準的教學形式，他們將成為精進之道上最初又最光明燦爛的燈塔。

想找位好老師，首要之務為檢視其資歷與師承淵源。這老師的老師是誰？他的老師又是誰？如此不斷追溯，直至尚未有史存在、所有個體皆失去身分的起源神話時期。在這個傳承系譜幾乎徹底分崩離析的年代，堅持追究這些事情似乎很奇怪，但依然值得一問（就算是書籍、電腦教學軟體，也總有製造史可循）。

然而，對資歷的重視，不應掩蓋其他考量。即使一位教師號稱在某種武術取得黑帶八段資格，又擁有另一種武術的黑帶九段資格，而且在兩個領域皆曾獲世界次中量級冠軍，他還是有可能教得不怎麼樣。網球好手或許會是優異的教練，也或許不會；諾貝爾獎得主的教導，對物理初學者而言說不定反倒是毒藥。其實，若是一個人在特定領域表現亮眼，要成為一流老師反而特別困難。

身為人師，必須擁有一定的虛心，假如見到學生青出於藍還能替他高興，那是再好不過的。著名體操教練卡羅利（Bela Karole）門下出了羅馬尼亞選手柯曼妮奇（Nadia Comaneci）、美國選手雷頓（Mary Lou Retton），他教給這兩位學生的動作，換作他自己八成做不到。**要辨明一位老師真正的價值，觀察他的學生即可，學生就是老師的藝術創作。**假如可以，務必先上過他的課，再決定是否選他當老師。上課時，留意底下的學生；更確切來說，留意師生之間的互動，看看這位老師的教法是讚美還是打罵？坊間流傳的故事中，經常歌頌一些吝於讚美的老師，但這種教學能夠有效，是因為以經濟學原理而言，讚美的稀有性大大提升，結果就連老師心不甘情不願地微微點頭以示誇獎，都讓學生充滿成就感。有些人認定嚴師出高徒，然而最容易失敗的教學方法，恰恰是以責罰、打罵、羞辱等方式，毀掉學生的信心與自尊。就算是吝於讚美的老師，也必須對學生尊重以待，長遠下來才能產生好的結果。

一流的明師，除了指正學生的錯誤之外，也要積極指出他做對的地方，至少要和糾正學生的次數一樣多。傳奇籃球教練伍登（John Wooden）正是奉行此道，他長年帶領加州大學洛杉磯分校籃球隊，成績斐然，或許稱得上史上最佳籃球教練，根據旁人觀察，他對球員的鼓勵和指正約莫各占一半，而且教學態度始終抱持強烈熱忱。

再回頭看看學生，看看師生互動。**老師是否只關注最有天分、程度最好**

的學生？老師如何對待落後的學生和初學者？有些老師只會教頂尖、有潛力成為冠軍的學生，說不定你要找的就是這種老師。世上確實有這種老師，他們也有一定的貢獻，不過我認為，教學這門藝術的精髓，在於不失熱情地帶領初學者進步，面對反應不夠快、不夠聰明的學生，也能耐心引導他們走上精進之道。這種教學態度，可說是基於利他主義，但也不純粹只是如此。因為，要在初學者剛接觸新技能時，引領他跨越心理障礙、踏出顫顫巍巍的步伐，身為教師的人不僅需要精熟這項技能，也需要通盤了解精通這項技能的過程。知識、專業、技術、資歷誠然重要，可是若少了教導初學者所需的耐心和同理心，這些優點也等同不存在。

良師與劣師

我是在一場席捲世界的戰爭打得正激烈之時，初次扮演老師的角色。當年，在那所位於喬治亞州奧巴尼的高級飛行學校，總共三百多位學生畢業，其中三百零四名畢業生被送往戰場，成績最優異的六名畢業生必須留下擔任飛行教官。我們六人（初出茅廬的少尉，胸口別上銀翼胸章）對這項指派皆頗為不滿，胸中灼燒著即刻上陣的渴望，每逢休假，在軍官酒吧幾杯黃湯下肚，這股渴望便化為連篇惆悵醉話。那年我不過二十，其他五位新進教官亦與我年齡相仿。

一九四四年三月，儘管我們缺乏實戰經驗，學校仍把學員分派給我們，什麼建議也不給，便要我們教學員飛B-25轟炸機（這種中型戰鬥機在當年算是性能優異）。那幾年，進攻「堡壘歐洲」的軍事行動迫在眉睫[1]，專家預估太平洋戰爭將持續數年，美國必須產出成千上萬的空軍飛行員，以及飛行員要駕駛的戰鬥機，也因此嚴格執行安全規範這檔事簡直就是奢侈，根本不用妄想。

當時的飛行條件，若換作太平時代，鐵定會變成轟動社會的負面新聞。即使是月黑風高、颳著大雷雨的夜晚，仍有數百架剛上完課的B-25戰機搖搖晃晃地試著飛回機場。那時候沒有航空交通管制雷達系統，想要保命，唯有靠自己的絕佳眼力、飛行技巧和迅疾的反應速度。一九四四年夏，這裡發生兩起極為嚴重的空中撞機意外，四架飛機全毀，機上的教官和學員全數罹難，

編註1　堡壘歐洲（Fortress Europe，德文為Festung Europa），為第二次世界大戰期間所使用的軍事語彙，最初是由納粹德國所創，用以稱呼包含大西洋壁壘（Atlantikwall）在內的歐洲防禦計畫。

這兩起事件從未見報。我們沒有投以同情的時間，也不可能再有第二次機會。能力不足的學員被刷掉，像生產線上的瑕疵零件一樣被丟棄。

我在那所學校待了半年後，被派往南太平洋參戰，不過事實證明，在學校的那半年反而比在戰場上更有挑戰性，也更危險。我擔任飛行教官，在極其嚴酷的條件下累積六百小時的時數，此後便精通駕機技巧，對飛行相當自信。

至於我的學員呢？那就是另一回事了。

時光不會倒流，但我內心永遠保有明晰的回憶，記得天空中白得奇異的雲朵、底下深綠色的棉花田和玉米田，記得持續良久的引擎聲最終歸於沉寂，記得那些引擎冒煙、液壓系統出問題的時刻，記得我們偷開飛機，在大西洋上玩「請你跟我這樣做」的遊戲，玩得頭暈眼花，學員緊張得連大氣都不敢出。而我記得最清楚的，是一個關於教學的警世故事，故事主角正是我自己。

我無法改寫過去。當年，我是最優秀的良師，卻也是最差勁的劣師，前者終究不能合理化後者。

每位飛行教官都分到四位學員，需負責帶他們完成為期兩個月的高級飛行訓練。過不了多久，我就發現其中兩位學員天賦異稟，他們的名字分別是史圖爾和柴契爾；另外兩位學員表現平平，就姑且稱他們布斯特和艾蒙森吧。這兩組學員之間的程度落差，令我心生一計：每次都把史圖爾和柴契爾安排在同一組，絕對不讓他們和其他人一起上課，如此一來，他們便不會受程度較差的學生拖累。此外，我和另一位教官在學員時代曾創立一套飛行模式，命名為「最佳表現模式」，意思很單純：無論何時，即便沒有人規定，即便沒有人在看，我們都要力求完美。把史圖爾和柴契爾湊在一起，我就能把這種模式傳承給他們。

於是，雖然我絕口不提「最佳表現模式」，我卻背地裡把史圖爾和柴契爾的標準拉高，比平時還要嚴苛十倍。通常，在依賴儀器導航的狀況下，飛行高度容許兩百呎的誤差，可是我告訴史圖爾跟柴契爾，只容許二十呎的誤差；我堅持，他們無論何時都不能讓陀螺儀產生絲毫偏誤；即便他們即將進場的跑道有一萬呎長，我也要他們在一百呎內著陸。

我盡心盡力教導史圖爾和柴契爾，毫不藏私，他們也給予我期望的回饋。儘管我從不讓他們和其他學員一起飛，但他們想必私下比較過訓練內容，發現了我的打算。有時候，我繃著一張臉說出特別不合常理的要求，他們卻壓不住上揚的嘴角，幾週過後，連我都禁不住微笑。我們共同策畫這場邁向頂尖高手的美妙陰謀，每逢替他倆上課的日子，我總是滿懷興奮期盼地醒來。

直到今日，史圖爾和柴契爾的身影在我心中仍然清晰至極：一個人坐在駕駛座，另一人站在座位後，傾身向前，就著駕駛座和副駕駛座之間的空位，觀看另一次完美的進場降落。飛機外，雲朵連綿，天空藍得不可思議，只屬於那個時空的光芒穿過透明艙蓋，如此純粹，彷如天啟，照著兩名學員的喜悅臉龐，那種無與倫比的快樂，只會出現在剛踏上精進之道的人臉上。

接下來，該說說這個故事不怎麼光彩的那一面了。

我只和布斯特、艾蒙森飛了幾次，便對這兩個學員失去興致。當時我太過年輕、太缺乏耐心、太傲慢、太熱衷於追求最佳表現，眼見他們缺少駕馭B-25的天賦，我根本受不了。布斯特身材瘦高，教養良好，性格靦腆，艾蒙森則體格壯碩，頗富自信，是軍中的開心果。有次上課，我認定他在取笑我，便搶過控制器，駕機攀升至一萬呎高空，執行一連串根本不適合這架飛機的高難度動作，搞得艾蒙森和布斯特面色蒼白、心驚肉跳。

我大多時候照本宣科，雖然偶爾也會花點心思，試著拉他們一把，試著找出他們遇到什麼瓶頸，試著讓他們發揮潛能，但我的熱忱總是迅速消褪。每次看到艾蒙森或布斯特操作控制器的手法太過拙劣，我總是既絕望又厭煩地搖著頭，有時整個人癱在座位上撇過頭不看，有時氣得搶過控制器，直接用正確方式操作給他們看。

最終，布斯特、艾蒙森兩人還是和史圖爾、柴契爾一起畢業了，雖然成績是低空飛過。戰爭結束，我在亞特蘭大一場舞會上巧遇布斯特，他內心積累的憤恨顯然戰勝了靦腆，於是抓住機會告訴我，他對於當初在飛行學校當我學生作何感想。我無言以對。在這次巧遇他之前，我早已漸漸對自己首次訓練學員的教法感到內疚，其實，自從第一批學員畢業，我便不再比照那時的做法把他們兩兩分組、互相隔離了。上戰場前，我又訓練兩批飛行員，再也不曾體驗與史圖爾、柴契爾同飛的欣喜暢快，也不曾感受布斯特、艾蒙森帶給我的絕望氣餒，而是設法沉住氣，面對反應較慢的學員依然盡己所能指導。雖然如此，我仍念念不忘最佳表現模式，加上年輕氣盛，所以每當我遇到天分不如人的學生，身為教官的我經常表現得不夠成熟。

教導初學者的魔力

多年以後，我再度扮演教師的角色，這次要指導的項目遠比駕駛飛機更加複雜困難。四十七歲那年，朋友邀我參加他辦的合氣道課，當時我根本沒聽過合氣道，也從未想過自己會學起武術。又過二十年，學習合氣道已變成我人生中收穫次多的經驗，令我收穫最多的，則是教導合氣道。

我尚未拿到黑帶一段時，教練就讓我在課堂上擔任助教，負責教初學者基礎動作。六年後的一九七六年十月，我和兩位同學拿到黑帶不久，便共同創立道館，雖然開館之初引來一些爭議（在那時候，只拿到黑帶一段就自立門戶，可說是非比尋常），但過了十四年，我們的「塔馬佩斯合氣道」（Aikido of Tamalpais）已經建立名聲，學習氣氛融洽。我和另外兩名創辦人持續修練，取得更高段位，門下收過數千名學生，每人練武的年資長短不一，當中出了二十八位黑帶——練合氣道絕非易事，想拿到段位並不簡單，所以二十八這個數字不容小覷。

走筆至此，我很想告訴各位讀者，我已純熟掌握教學的藝術、知道該如何教導初學者和學習速度較慢的學生，可是事實不然，我還是要花很大的力氣在教學上。另一位創辦人溫蒂．帕默曾告訴我（我也認真聽進她的一字一句），教導初學者和學得慢的學生不僅感覺很美好，而且別有一番樂趣。她說，天賦異稟的學生吸收速度太快，往往輕易突破學習過程中的小關卡，草草帶過，留下一片霧白的表面，使他看不清這門藝術的真正精髓。學得慢的人則又不同，老師被迫帶著他一小步、一小步慢慢爬，緩慢的步調卻宛如放射線一般，直射藝術的核心，清楚揭露藝術成形的過程。

時光流逝，我漸漸領悟這層道理。比方說，我從擔任教練的經驗中學到，最有才華的學生未必會成為一流武術家；更怪的是，有時候，那些天分過人的學生反而沒辦法走完精進之道。一九八七年，我和《君子雜誌》的同事進行一系列訪談，訪問各類運動的大師級人物，結果恰好佐證這種矛盾的現象：大部分受訪的運動員都強調，努力與經驗比天分更重要。著名棒球選手卡魯（Rod Carew）如此說道：「我見過太多棒球員，明明才華過人，卻絲毫不肯努力，這些人很快就被淘汰了。也有一些球員，雖然資質比較平庸，卻在大聯盟一連待上十四、十五年。」

良駒與劣馬

禪宗大師鈴木俊隆撰有《禪者的初心》一書，其中以馬為喻，闡釋學習速度快慢的問題。

「佛經有言，世上的馬分做四種：最上等馬、上等馬、下等馬、最下等馬。最上等馬會在駕馬之人揮鞭之前，便依其心意奔馳，或快或慢，或左或右；上等馬會在馬鞭觸及皮膚之前起跑，而且跑得和最上等馬一樣好；下等馬是在被打痛的時候才跑；最下等馬要等到馬鞭擊下，痛入骨髓，才會起跑。由此可以想見，對最下等馬而言，學跑是多麼困難了。

「我們初次聽見這個寓言時，幾乎所有人都想成為最上等馬，假如當不了最上等馬，也要成為上等馬。」

可是，鈴木俊隆接著說，這種想法是錯的。一個人要是學得太快，往往不願下苦功，不願深入鑽研這門技藝。

「要是你練書法，你會發現，那些手不夠巧的人通常都會成為書法大家，至於真正心靈手巧的人，反倒會在到達一定程度之後，便遭逢巨大瓶頸。藝術如此，人生亦如此。」鈴木俊隆認為，最上等馬說不定其實是劣馬，最下等馬或許才是真正的良駒，因為只要牠堅持不懈，牠會徹底記住一切知識，深入骨髓。

自從聽過鈴木俊隆這則故事，它便在我心中留下深刻印象，因為這故事給天才設下一項清楚的挑戰：**假如天才想完全發揮潛能，就必須和天賦不及他的人一樣刻苦用功**。我恍然明白，如果是指導學得快的學生，我或許是最上等馬或上等馬；可是，論指導學得慢的學生，我就是下等馬或最下等馬。即便如此，我仍保有希望，只要堅持到底，投注心力，教會每一個前來道館上課的布斯特和艾蒙森，總有一日，我能全盤精通教學的藝術，深入骨髓。

因此，不論是在哪個領域，找老師時，假如找到了追求「最佳表現」的老師，不妨好好慶祝一番，但你也要設法弄清楚，這位老師是否願意多花時間教導訓練墊上反應最慢的學生。

不同教學形式

其他教學形式又如何呢？影音課程大體而言效果有限，畢竟學習過程牽涉到學習者和學習環境之間的互動，成效取決於互動的頻率、質量、種類、密度，可是影像或音訊教學根本毫無互動可言，純粹是單向的資訊傳輸。影像能放映出正確的高爾夫揮桿姿勢供你模仿，確實是聊勝於無，但它無法觀察你揮桿的動作，也無法判斷你學得多好。有了遙控器，你可以輕易暫停、倒帶、重播，有些甚至可以慢動作播放，這點遠勝教育電影或電視頻道。換做電影或電視節目，不管學習者是否跟得上進度，影片都會持續播送。

參考書也可以由學習者自行控制進度，又能隨身攜帶，輕巧便利，不過正如影音課程，書無法給予回饋。儘管如今已是神奇的電腦時代，書仍是重要學習工具之一，尤其是在偏重知識的領域。假如一張照片能抵千言，那麼一部電影或許能抵萬語；但有時候，再多照片都比不上一段好文章。文字反而更有力量改變一個人或整個世界，這也是事實。

令人難過的是，傳統的學校或教室並非理想的學習場所。現今常見的「前端式教學」（也就是老師在教室前端上課，或站或坐，學生約莫二十到三十五位，坐在固定座位上），其實只是貪圖管理方便，是因應大眾教育而發展出來的教學形式，用以分配、管理大批學生。過去一百多年來，美國國民的生活在各方面產生劇變，舉凡工業、交通、傳播、電腦計算、娛樂，幾乎都徹底改換樣貌，唯獨教育這一塊泰半如初，委實令人感嘆。

仔細看看，就在那裡：一位老師以相同的速率，說出相同的資訊，把知識教給一群沒什麼反應的學生，絲毫不顧他們各有所長、各有不同的文化背景，學習方式也各不相同。前陣子，我曾就此主題寫過幾篇文章，談到或許可以發展新的教學形式，讓學生得以配合自身能力，自由控制學習速度，改善當前教育困境。

此外，老師也有良莠之分。參訪過數百間學校之後，我深信，那些能讓現有體制發揮效用的老師無疑都是大師級人物，他們未必講課講得最好，但卻知道該怎麼讓學生在學習過程中主動參與。一位曾獲獎的數學家任教於某知名大學，其教法為人津津樂道：他每次寫黑板都會故意出點小錯，學生全都聚精會神，比賽誰先找出錯誤，第一個找到的人便衝上前糾正教授。這位老師確實深諳教學之精髓。

該說再見就別留戀

若遇到這種老師，尤其是在剛開始學習的階段，實乃學生之幸。只可惜打從小學一路到大學，學生經常缺乏選擇的餘地，就算是能選擇的人，有時也會做出不好的決定。假如你遇到的老師似乎不適合你，首先要自我反省：你對老師的期待是否高得不合常理？不過，老師就和學生一樣，也可能偷懶、過分注重成果、冷漠、容易激發學生的迷戀或過度崇拜，或是純粹能力不足。在心理上，和老師保持適當距離是很重要的，如果太疏遠，就不可能順服於他，但順服在精進之旅中是不可或缺的特質（參見第七章）；如果太親密，就會失去自己的見解，不再是學生，而是信徒。師生雙方都需要負起責任，維繫良好的平衡。若你們之間果真出現無法化解的分歧，要知道：在適當的時機說再見，也是一種智慧。

記住，在精進之道上，學習永不停止。容我借用日本劍豪山岡鐵舟的箴言：

切莫以為學有窮盡；
世上存在諸般修行，
劍道永無修成之日。

第六章 關鍵二：練習

來說個老笑話。這笑話版本眾多，不過都傳達同樣的道理，其中一個版本是這樣的：一對來自德州的夫妻開著凱迪拉克去聽音樂會，結果在紐約下東區迷路了，於是停車向一位長鬍子老人問路。

夫妻倆問道：「要怎麼去卡內基音樂廳？」

老人答曰：「多練習！」

把「練習」當成動詞的用法很常見：練吹喇叭、每天練舞、練習背九九乘法表、反覆操練戰鬥任務……這層意義的「練習」並非日常生活的一部分，你之所以練習，是為了學會一項技藝，為了讓自己進步，為了更上一層樓，為了達成目標，為了賺錢。這種「要練習」的思維在社會上很有用，畢竟，如果想登上卡內基音樂廳，勢必要多加練習。

然而，對於展開精進之旅的人而言，「練習」是一個名詞。它不是你偶然想到才去執行的動作，而是你一直擁有的東西，是你的本質。就這層意義而言，練習近似於中文的「道」或日文的「途」。字面上，這兩個字都是道路之意；也就是說，練習就是你所走的道路。

如果你只是為做而做，別無其他目的，都是一種練習。這些事情可以是運動，可以是武術，可以是園藝，可以是瑜珈、冥想或社區服務。醫生行醫，律師處理法律問題，這些都可視為一種練習，但假如你的目的只是要招攬病人或客戶，就不是堪稱大師的練習。對大師而言，若在旅途中獲得回報，大可放心接受，可是報酬並不是這趟旅程的主要目的。追根究柢，大師即是精進之道，假如旅程夠繁複、夠豐富，那麼大師每前行一哩，他與目的地之間的距離還會再增加二哩，這反倒是旅人之幸。

有一次帶工作坊，一名女子問我太太安妮，為何還要上合氣道課：「妳不是早就拿到黑帶了嗎？」安妮花了幾分鐘解釋，黑帶只是這條漫漫長路上的一座里程碑，你可以更深入學習，活多久，學多久。

美國對成就和目標的執念非同小可（想想這些常聽到的話：「手段不重要，重要的是分數」、「不用告訴我你打算怎麼推銷，賣出去就對了」、「勝利不是一切，而是唯一」），所以要一個人全心投入一場缺乏目標的旅程，似乎是一件難以理解又詭異的事。不過，在報紙運動版和財經版上的口號背後，其實藏著更深一層的現實：乍看之下，大師同樣遵從分數和勝利至上的邏輯，畢竟在當今媒體炒作出來的氣氛之中，誰聽得進其他話呢？但是，大師私底下其實萬分珍惜每一場比賽，享受緊張刺激的轉折、翻盤、精彩的技巧、分數拉鋸、神乎其技的救援……卻毫不在意誰贏誰輸。

還有另一個秘密：那些我們所知的大師，之所以願意付出心血磨練自己，並不是因為他們想要進步，真正的原因是**他們熱愛練習**——正因如此，他們才能進步。他們越是進步，便越享受不斷練習基本動作的過程，於是形成正向循環。

在我們道館，入門班的初學者反覆練習一招同化技法約八到十次之後，就會焦躁不安地轉頭張望，想做些別的事。至於待在基礎班的黑帶學生，因為已具備知識和經驗，已培養出一種「感覺」，所以即便是練習最基本的技法，也能夠享受其中蘊藏的奧妙與無窮可能。我還記得，多年前，我還是棕帶（段位僅次於黑帶），有堂課要學四方摔，結果接下來整整兩個小時，教練只要我們做四方摔的一種變化式。這堂課只上了半小時，我便暗自猜測待會要教什麼，因為在學校，我們少有機會花這麼長的時間練同一招。不過，課程大約進行一小時之後，我的步調趨於穩定，心神專一，所有關於時間或厭倦重複的念頭全都煙消雲散，視野彷彿開闊起來，從一個動作到下一個動作之間的變化原本細不可察，此時變得顯著明朗。進行兩小時後，我竟暗暗盼望這堂課可以一路上到午夜，永不停止。

留在訓練墊上

有句關於學武的俗話是這麼說的：「大師就是每天在訓練墊上比別人多留五分鐘的人。」這話不僅適用於合氣道，也適用於其他領域。一九八八年八月，我以進攻教練的身分，參與美式足球隊西雅圖海鷹的夏季訓練營。早上的練習賽結束，球員優哉游哉橫越球場，走向更衣室，只剩兩個人留在場上，其中一人先往外跑，接著突然轉彎，接住另一人傳出的球，如此反覆再三，總是跑相同的路線，接住路徑相同的傳球。全場空空蕩蕩，其他球員正沖澡換衣，教練也已離開，觀眾逐漸散場，但我仍站在場邊，看得目不轉睛——這名勤於練習的接球員是誰？想必是剛接觸美式足球的菜鳥，一心只想進海鷹隊，所以正磨練技巧？錯，此人其實是著名球員拉根特（Steve Largent），他不僅是西雅圖海鷹最優秀的接球員，也是國家美式足球聯盟史上堪稱傳奇的接球員。

競技場上的大師，通常也是練習大師。波士頓賽爾提克籃球隊的傳奇選手柏德（Larry Bird）在全盛時期可謂十項全能，他並不是跳得最高、跑得最快，卻獲選一九八〇年NBA年度最佳新秀、兩度獲選總決賽最有價值球員、連三年獲選年度最有價值球員。柏德四歲開始打籃球，此後從未停止練球。一九八六年六月，賽爾提克隊贏得NBA總冠軍，記者問柏德接下來有什麼打算，根據新聞報導，他是這麼說的：「我還有些不足的地方需要改進，所以下星期就要開始休賽期訓練，一天兩小時，每天至少投一百次罰球。」許多職業球員都會在夏季休息，但顯然不包括柏德。為了鍛鍊體能，他持續跑步，還特意挑選最陡峭的山坡來回跑；回到印第安納州的老家弗蘭奇利克，他會去那片立著玻璃籃板的柏油場地練球；每逢賽季，他會去布魯克林的希臘學院練球；在外旅行時，每場比賽前夕，他會去全國各地的運動場練球。

柏德還在賽爾提克隊的那幾年，便有個出名的習慣：他總是比別人早一、二小時到球場，練習從各種角度投籃，舉凡罰球、後仰跳投、三分球……等等。有時他會坐在場邊投球，或是在第一排觀眾席隨便找個位置拋投，純粹出於好玩。柏德熱愛贏球是無庸置疑的，不過他的經紀人吳爾夫（Bob Woolf）曾說，他之所以這麼勤於練球，全心投入每場比賽，主因並不是贏球：「他只是很喜歡而已。不是為了賺錢，不是為了受人崇拜，不是為了出名，他只是真的很愛打籃球。」

養成習慣，是精進之道的第二關鍵。諸如武術、運動、舞蹈、音樂這類偏外在的技藝，比較容易找出與規律練習相關的明顯例子，不過習慣其實與許多人類行為都息息相關。對主管而言，好的職場習慣，意味著時時與負責施工的技師保持聯繫，保持自律，勤於處理日常事務，例如預算、訂單、品質控管等等；在感情穩固的家庭中，不管家人平日再怎麼忙碌，必定保有特定的儀式，比如說，每天都要有一餐是全家人一起坐下來好好吃完；國家也有習慣，例如全民自動自發、定期參與的全國節慶活動。

持續規律練習，即便看似原地踏步也勤練不懈，剛開始絕非易事，但總有一天，練習會成為你生活中寶貴的一部分，你會越來越習於練習，就像坐進最喜愛的舒適座椅一樣自在，忘卻時光的流逝，遠離外在的紛擾。明日，練習依然在那裡等待著你，永遠不會離開。

若是一位極具潛力的學生如此問道：「要練多久才能精通合氣道？」對

於這個問題，唯一合理的回答是：「你覺得自己會活多久？」練習就是精進之道。假如你走得夠久，會發現景致豐富多彩，有起有落，給予你挑戰，也帶給你成就，讓你體驗驚喜、失望、無條件的喜悅。一路上，你會東磕西撞，在自尊與身心靈留下傷痕，可是這趟旅程或許會變成你生命中最值得倚賴的事物。最終，因為這趟旅程，你或許能在所選的領域中成為強者（如果這是你的目標），其他人便會稱你一聲「大師」。

不過，變強並不是重點。何謂大師？大師的精髓就在於練習；**大師，就是持續走在這條路上的人。**

第七章 關鍵三：順服

大師的勇氣，在於願意順服。這包括順服老師、順服嚴格的紀律，偶爾還要放手，不要執著於好不容易修練而成的技巧，才能更上一層樓。

每當一個人開始學習重要的新事物，在頭幾個階段，必定會激發我所謂的傻子精神（參見〈尾聲〉）。無可避免地，你會覺得自己笨手笨腳，也總有跌得四腳朝天的時候（不管是真的跌或比喻），這些都是必經之路。初學者若是自尊心太強，往往武裝自我，堅持己見，結果聽不進新的一課。我並不是要你放掉身體的重心或道德的信念，也不是要你全盤接受有害無益的教訓；但既然你已經千挑萬選出一位老師（參見〈關鍵一〉），如今是時候放下內心的懷疑了。就算老師要你用手指點鼻子，或是單腳站立，假如你沒有什麼事關重大的反對理由，不如就順應吧。試試無妨。

畢竟，學習一項重要技能的過程中，必然會傷到自尊。比如剛開始學跳水，頭幾次八成都是腹部落水，還會引來幾乎全游泳池的人盯著你看，你願意接受這個事實嗎？不願意的話，別學跳水算了。剛開始上繪畫課，你的第一張人物畫看起來不像蒙娜麗莎，反倒像蛋頭先生，你會不會因此放棄學畫畫？剛開始練習溜冰，腳踝不聽使喚，平常只有挨打才會受痛的屁股重重摔在冷硬的冰面上，你會因此打退堂鼓嗎？諸如此類的難堪事，不只發生在初學者身上，也發生在奧運會場，要是你想前進奧運，最好做足承受這一切的心理準備。

不僅如此，還要永不停止地反覆練習，要每天下苦工，要一次又一次操練基本動作。音樂劇演員天天都要練唱所有大調音階、小調音階，說不定得反覆幾百幾千遍，如果不是傻子，誰要以演出音樂劇為職志？有些人或許會覺得，光是這樣慘淡乏味的前景，就足以成為抗拒順應的理由了。在我第三堂合氣道課上，教練示範了這門武術中最基礎的同化技法「體之變更」，我不假思索衝口而出：「這我們已經做過了。」教練聞言不答，只是莞爾一笑。後來，我下定決心順服，從那以後，我已重複練習體之變更少說五萬次。

其實，「無聊」的感受，正是出於我們對新鮮事的迷戀。如果能細心體會每一次反覆，在熟悉的主題中找出微妙的變化，挖掘那無窮無盡的豐富，我們才會真正感到滿足。

劍豪的故事

在東方文學中，有不少故事以劍術高手和徒弟為主角，結構、題旨通常都頗為相類。一名年輕人聽說遙遠他鄉有一名使劍高手，於是長途跋涉，來到大師門前，要求拜入門下，大師卻當著他的面把門關上。此後，年輕人天天坐在門口，只是等待。一年過去了，大師勉強同意讓年輕人做些雜事，砍柴、挑挑水，如此又過數月，甚至數年。某天早晨，大師毫無預警地拿起竹刀，打中年輕人的肩膀，就此開始教導他保持警覺。最後，大師把自己的竹刀傳給徒弟，此後仍持續傳授劍藝，自始至終，徒弟完全順服。

在美國，像《一週十二分鐘保證瘦》這類標題的書全國熱賣，似乎沒什麼人在意劍術高手的故事。即使如此，這個故事依然蘊含破解美國流行文化的力量，雖然或許得改寫成美國版：一九八四年的功夫電影《小子難纏》（*Karate Kid*），把故事中數年練功濃縮成數月，徒弟也不再是砍柴挑水，而是幫師父漆籬笆、給車子打蠟。

順服老師、順服一門藝術的基礎，不過是一切的開端。**在每一趟精進之旅上，總有些時候必須放棄得來不易的技巧，才能更加進益**；若是你已經練到一定程度，對目前所學十分熟悉自在，那更需要放手。有個關於杯子和一瓶牛奶的故事很適合說明這種情況：桌上放了一瓶牛奶，觸手可及，同時你手上也端著一杯牛奶。要拿桌上的牛奶，就必須放掉手中的杯子，可是你不敢放手。

這分恐懼並非毫無來由。假如你在高爾夫球場上的成績已經在九十桿徘徊好一段時間，如今想要突破關卡，把桿數減到八十幾桿、甚至七十桿，你說不定會有好一段時間都打不出九十桿，說不定你的高爾夫球技術得全部打掉重來。幾乎在所有領域，情況都是如此。我彈爵士鋼琴自娛，彈了許多年，用不太有創意的和弦、幾個有限的音符，也編了幾首小曲。每次我談到「不思進取型」這種人物，看到這類人的進步軌跡，我便想到自己的琴藝，內心暗道：「就是我！」

我的合氣道道館共同創辦人溫蒂是極具才華的歌手兼吉他手，約莫一年前，在她的極力鼓吹之下，我們成立一個小小的爵士樂團，我不得不學起新音符編的新旋律、練習新的和弦伴奏方法，簡而言之，就是嘗試對我而言等級太高的爵士樂玩法。最初，一切開始分崩離析：原本讓我舒服自在的獨奏方式去哪了？此刻的我已放掉杯子，卻還沒拿到桌上的瓶子，卡在此與彼之間那滑溜的可怕地帶，慌亂摸索。

就在這時，我們得到公開演奏的機會，不知是誰（該不會是我？）這麼說道：「不如把握當下吧！」於是我從「不思進取」之鄉，一躍登上「執著完美」之境，卻一腳也沒踩著精進之國的廣大國土，只是狂熱地悶頭練琴，結果右手小指發生肌腱炎，每次彈琴都得冰敷。所幸那場公演平安落幕，現在我寧可在爵士鋼琴的精進之道上慢慢摸索，緩緩走向下一個階段。

雙強記

假如你可以捨棄現有的某項技能，好讓自己更上一層樓，或是獲取一種新的技能，你會怎麼選擇？接下來這個故事，或許可以為你提示方向。故事主角是兩位空手道高手，一位叫羅素，一位叫東尼，兩人都參與了一項為期八週的認證計畫，一週需上五天合氣道課，當時那堂課的教練就是我。

羅素身材矮小，體格精瘦，眼神犀利，頗有學者氣質，行事特別大方慷慨，非常樂意幫忙同學一把。他擁有博士學位，在某大型機構擔任專業培訓總監，此外還是空手道黑帶一段。東尼來自紐澤西州澤西市，沒受過多少正規教育，很早便接觸武術，現年三十一歲的他已是空手道黑帶四段，名下擁有兩間空手道學校。

羅素一踏上訓練墊，便處處顯露他是經過嚴格訓練的武術家：他的暖身操包含幾項空手道動作；在課堂上，叫他出拳時，他會使出空手道特有的拳法。有一次，我在教雙手抓，注意到他刻意後退，和他要出手的對象保持最大距離，我便建議他靠近一點，讓身體順著攻擊姿勢流動，他只是笑了一聲：「您別說笑了。」我說，為了學好基本動作，最好先忘掉所有防守的可能性，我們之後再學如何減少自己的破綻。但我看得出來，對羅素來說，要放掉他過去的專長並非易事，結果課上了四週，他的程度甚至趕不上那些從未學過武術的人。直到這時，他終於願意順服，放掉既有的專業知識，踏上精進之道。

東尼的學習方式又與羅素不同。打從一開始，他從未在言談間洩漏自己其實是空手道專家的事實；他從不自尊自傲，雖然他已是一流武術家，卻比其他任何學生更敬重教練；他待人處事冷靜真誠，身邊一切狀況都逃不過他的眼睛；不僅如此，他散發強烈氣勢，凡是受過訓練的武術家都會留意到他；光是從東尼一舉手、一投足，便可看出他是已然展開精進之旅的同道中人。

第四週的最後一堂課，我要全部學生坐在訓練墊外圍，然後請東尼示範一套空手道型（又稱套拳，即一組預先設計好的動作）。他傾身鞠躬，走到訓練墊中央，深呼吸幾分鐘，接下來發生的一切，讓所有人不禁倒抽一口氣：東尼的身法輕靈矯捷，肉眼幾乎跟不上，出手迅疾致命，招招不曾間斷，出拳踢擊、騰挪奔走、旋身飛躍，範圍遍及不同方位，再搭配日文稱作「氣合」的發聲方式，每打倒一名假想敵，便發出強勁的戰吼。示範告一段落，他再次謙遜鞠躬，走回訓練塾外圍，和其他同學坐在一起——回歸最徹底的初學者身分。

無論你選擇的領域是商務管理或婚姻經營、是羽球或芭蕾，在精進之道的途中，或許你唯一能做的，就是在每個新階段都調整好心態，讓自己做好歸零的準備。對大師而言，「順服」二字，意味著世上無專家，唯有持續學習之人。

第八章 關鍵四：意圖

這概念可以用各式各樣舊語新詞加以表述：品格、意志力、態度、圖像化、心理調適……等等，不過我偏好稱之為「意圖」。不管你怎麼看待它，在精進之道上，意圖都是必要的關鍵。

心理調適的力量開始受到注目，是在一九七〇年代左右，當時幾位全國知名的運動選手提到心理的影響，例如高爾夫球員尼克勞斯（Jack Nicklaus）曾說，他揮桿之前，總會在心中想像清晰的畫面：球畫出完美的弧度飛過天空，完美落在目的地，「那顆白球高高安坐在果嶺上，真是美極了。」尼克勞斯坦言，成功的一球是百分之五十的想像，百分之四十的準備動作和球位，只有百分之十是揮桿。不只一位優秀的職業跑衛曾說，比賽前一夜，他們會一遍又一遍想像自己在場上的動作，甚至認為，隔天在球場上的成敗，與想像是否鮮明息息相關。健美選手和舉重選手也證實了意圖的重要，阿諾・史瓦辛格曾宣稱，**全神貫注地鍛鍊一次，勝過心不在焉地鍛鍊十次**，另一位健美先生贊恩（Frank Zane）和其他人也支持這套說法，認為心智的力量確實能增進體能訓練的效果。

之所以如此，是因為運動訓練與技巧皆發展至顛峰，已臻化境，就算再求進益，也只能前進一小段距離。尼克勞斯雖然只把百分之十歸因於揮桿，但那或許是因為他的揮桿技術近乎完美。然而，體能和精神的關聯仍是未開發之境，已經登峰造極的運動員便能在此得到最大的收穫。

為了善加利用機會，不少頂尖團隊和獨立運動員便雇用運動心理學家，教授放鬆、保持自信、把特定動作視覺化的技巧。有些希望成為運動員的人沒錢聘請專屬心理學家，於是號稱能夠提升心理素質的錄音、錄影帶應運而生，但有些產品實在稍嫌粗糙，例如「心靈交流」這間公司推出所謂「潛意識肯定」錄音帶，音檔內容是一陣粉紅雜訊，其中不時夾雜幾句低喃，若不仔細聽便很容易聽不見。給美式足球的錄音帶裡面錄了這樣的句子：「我知道怎麼跑。我很重要。我做得到。我愛奔跑。我放鬆。我練舉重來增加力量。比賽開始我第一個起跑。我不吃糖，不喝咖啡，不喝酒，不抽菸。我愛與人接觸。我有目標。我愛運動。我有雙好手。我可以打敗我兄弟。我很有熱忱，熱忱，熱忱。我深呼吸，平穩地呼吸。我是贏家。」這些潛意識訊息究竟是否讓球員更上一層樓，尚無研究證實。

任教於科羅拉多州立大學的心理學家蘇溫（Richard Suinn）設計了一套更細緻的方法，稱為視覺動作行為複演法（visual-motor behavior rehearsal，簡稱VMBR），其中結合了放鬆練習，以及把要學習的動作視覺化的技巧。北德州大學的研究團隊曾針對這套方法進行研究，找來三十二位空手道初學者，每週上兩次空手道課，為期六週，受試者被分為四組，每一組都有不同的回家功課。實驗剛開始，研究者先衡量了每位學生的焦慮程度和空手道技巧，接著就讓學生自行操練回家功課。第一組學生只需要做肌肉深度放鬆練習；第二組學生只需要練習視覺化，也就是閉上眼睛，想像自己正在做空手道動作；第三組學生的功課是VMBR，先做放鬆練習，接著練習視覺化；第四組學生沒有回家功課。此外，四組學生都接受傳統空手道教學。

經過六週，研究者再度測試學生的焦慮程度，空手道學校則舉辦例行測驗，衡量學生的基本技法和格鬥技巧。練習VMBR的那組學生焦慮程度最低，格鬥技巧亦遠勝另外三組同學。

除了這次實驗，還有好幾項研究，數據都頗為突出，但還稱不上驚天動地。原因之一是實驗期相對較短，其二是受試者多半是初學者，在這兩項限制之下，研究結果的說服力自然遠遠比不上許多大師級運動員的親身經歷。

拿我自己來說，最能佐證視覺化有其好處的證據，來自我在訓練墊上的經驗。合氣道這個流派除了傳授技法動作之外，也運用許多比喻和意象來教導學生，正是在那虛無縹緲的心智所在之處，最強大的肉體力量才得以迸發。比方說，有種技法名為「二教」（扣住手腕），其中一種變化是在對手抓住你的手腕時，壓住他的手，同時伸出另一隻手扣住他的手腕，從特定角度往下壓，假如動作正確，這招不起眼的小技巧足以對付體型比你大、身體比你強壯的對手，令其跪倒在地。

若只是單純演練二教的動作，或許有用，但那純粹是使出肌肉的蠻力。不過，若是配合幾種特定的視覺化技巧，這項招式的效用便能有所提升，不僅是「數據突出」，更是石破天驚。我會叫學生照常抬起手來，五指平伸，搭在攻擊者的手腕上，然後完全不要把手腕放在心上，而是要把手指「變長」，像雷射光一樣穿透攻擊者的臉，直達頭骨底部；接下來，學生只需要用「變長」的手指，順著攻擊者的脊椎輕輕滑下。假如每位學生的各項條件皆旗鼓相當，他們出招強弱的關鍵，就在於內心的意象夠不夠鮮明。根據我自身的合氣道經歷，運用視覺化技巧的效果遠遠勝過純用蠻力，有些時候，我根本沒感覺到自己使出肌力，對手便滿臉驚愕地撲通倒下。

何謂真實？

單純演練動作和配合視覺化技巧所產生的差異，究竟該做何解釋？在內心變長的手指，究竟只是想像力的產物，抑或在某方面可說是「真實」的？最簡單的解釋，便是純然從外在進行分析：或許手指變長的心靈意象，提供了一定的引導，讓學生知道該往哪個方向做出正確的二教動作。這的確是視覺化的作用之一，然而多年經驗令我確信事實不只如此。理智告訴我，人的手指不可能變成三呎長，也不可能穿透另一人的身軀，直達脊椎。但是，每次我不費吹灰之力、奇蹟似地漂亮出招，內心的影像總是極度鮮明，甚至能「感覺」到手指畫過攻擊者的背脊。

這也帶出一個問題：何謂「真實」？人的意識是否一如行為學家史金納（B. F. Skinner）所稱，只是一種附帶現象？或者正如英國詩人布雷克（William Blake）所言，唯有心靈才是真實？又或者，假若心理建構和客觀世界皆為真，只是兩者分屬不同層次，那麼這兩種層次一旦產生交集，又會發生什麼？長篇巨著都不足以解答這些大哉問，更何況是這本小書了。不過，在此仍然可以簡短下個定論（雖說這話或許顯而易見）：一切思考、想像、感受等等都是非常真實的，也會對世界上的事物和能量產生影響。確實，我們也許可以說，相較於所謂實體的東西，純資訊說不定留存得更久——也或許，兩者本質上是相同的。太空人金斯爵士（Sir James Jeans）曾說道：「在我眼中，與其說宇宙是一架龐大的機器，倒不如說宇宙是一個偉大的概念。」

舉例來說，以木石金銀搭建而成的所羅門神廟早已灰飛煙滅，踏遍世界都找不到了，但在你初次閱讀聖經列王紀第六、七章時，神廟卻轉化成鮮明細膩的圖像，烙印在你的心上。郝思嘉、安娜·卡列尼娜只是小說中的虛構人物，但你卻對她倆瞭如指掌，說不定比對鄰居還要熟悉。你的隨身型電晶體收音機自然是再真不過了，畢竟碰得到摸得著，但收音機的接線圖也是真的，此外，在收音機問世前，接線圖只存在於發明家腦中，可是他腦中的設計也是真的。相較之下，究竟何者更真？這很難說，雖然在這三種型態中，收音機的內部結構、各個零件的相互關係都一致，不過或許可以說，最抽象的型態，往往最經得起時間的考驗——不管是線路圖，或是發明家腦中的設計，壽命大概都會比你手中的收音機來得長。況且，這些沒有實體的型態還具備額外優勢：要是你想更動各個零件的相互關係，改改線路圖或腦中的設計，總比拆裝三維的收音機要來得簡單。

意圖在此扮演何種角色？結構在腦中成形的時候，當然與意圖有關，更不用說，事物的結構從某一型態轉換到另一型態時，意圖必然也涉入其中。其實，練習轉換型態，正是精通一項技術的過程。有時候，我會要學生在心中不斷想著影像，或是記住出招的感覺，然後反覆練習至少一小時，直到練得滿身大汗，徹底洗掉過去對於這一招的想法或感受。在武術修行的三維實體世界，像這樣運用意圖輔助練習，通常都能達到很好的成效。

誠然，思想、腦中影像、感受皆為真實。質量乘以光速的平方等於能量（$E=MC^2$），這個公式原本只是愛因斯坦的想法，最終卻迸發了撼天動地的力量。儘管從最初的概念轉換成熱與衝擊的過程漫長艱辛，然而那個念頭、那種遠見、那份意圖，卻是不可或缺的。

阿諾．史瓦辛格有言：「我只知道，第一步就是要創造影像，因為只要一看到那張影像，看到那美好的景象，渴望便油然而生，你會從中得到力量。比如說，我之所以渴望贏得健美比賽、拿下『宇宙先生』的稱號，就是因為我清楚看見了那副景象，看見自己站在台上，贏得勝利。」

意圖能夠轉化為動力，讓你在精進之道上走得更遠。任何領域的大師，必定也是描繪未來的大師。

第九章 關鍵五：極限

凡是攸關重大之事，遲早會讓我們面臨一個看似弔詭的難題，一項悖論。就我們所知，每位大師皆刻苦勤練所屬領域的基礎，熱衷練習，享受一小步、一小步前進，毫無例外。另一方面——悖論來了——這些大師，正是最有可能超越過往極限的人，最有可能冒險追求更耀眼的成績，偶爾甚至在過程中變得完美主義。顯然，對大師而言，生命不是二選一，而是兩者兼得。

美國二戰空軍英雄查克・葉格（Chuck Yeager）公認是史上最優秀飛行員，他的故事被作家沃爾夫（Tom Wolfe）寫成小說《真材實料》（*The Right Stuff*）。葉格本人另曾撰寫《葉格將軍自傳》（*Yeager*），在此書結尾，他歸納了如何才稱得上優秀飛行員，如何才叫做「真材實料」，這部分的前兩頁提及「經驗」三次。葉格寫道：「以飛行員而言，如果有什麼談得上『真材實料』，那就是經驗。」

儘管葉格推崇停滯期，並且走在永無止境的精進之道上，但他也談到「試探、挑戰極限」那罪惡的狂喜。當時，公認飛機速度最快只能接近音速，這個極限稱為音障，葉格便是史上首位成功突破音障的人。不過，其實就在預定飛行的前一晚，他趁夜騎馬出遊，意外墜馬，肩膀嚴重扭傷。飛行當日，他必須搭乘母機飛上兩萬呎高空，再爬進火箭飛機 X-1，照理來說，受傷會讓他無法正常關上機艙門，但他下定決心排除萬難，帶了用掃帚柄改造成的門把，順利用另一隻手把艙門關上，接著不顧肩傷，繼續挑戰突破音障。

最難之處，不在勇於挑戰極限，**而在如何把握平衡，一方面必須持續練習，永不間斷，不預設目的，另一方面又要面對沿途出現的誘人目標**。在我們道館，一開始就會告訴學生：合氣道是永無休止的旅程，不過我們也定期舉辦嚴格測驗，難度頗高，有時甚至挺戲劇化的。其中，考黑帶一段的測驗更宛如一種「通過儀式」，考生在此之前須接受三到六月培訓，這段日子不僅要密集惡補進階技法，更是考驗身心的火之試煉，期間，任何性格缺陷、任何隱而不顯的特質，都無所遁形。如果一切順利，在測驗當天，考生不會炫技，而是會展現本質，讓這場測驗成為漫長旅途中透明清澈的巔峰時刻。話雖如此，旅途本身才是最重要的。古諺有云：「未開悟前，砍柴挑水。既已開悟，砍柴挑水。」即使成為黑帶，隔天依然要回到訓練墊上，做好出錯的準備。

遊走極限邊緣，最需講求平衡。你必須夠有自覺，知道何時把自己逼過頭，超出安全界限。有些時候，雖然有此自覺，但走在精進之道上的人卻會有意識地選擇將自己推向極限，從跑步就可以找到像這樣的例子。跑步是一項極為純粹的運動，極為強調體能，因此能在短時間內揭露一切，每次快跑幾乎都是遊走在極限邊緣，不過，毫無疑問地，跑者（和準跑者）都該得到合理安全的待遇，也應了解跑步的危險和困難。如果你是為了某幾項實際的好處而跑，例如控制體重、紓壓、鍛鍊心肺強度，的確值得嘉許，然而，假若以為人只會為了這些務實考量而跑，卻是小覷了人類的精神。許多人之所以跑步，並不是為了甩掉體重，而是為了甩掉這個機械化社會施加的枷鎖；並不是為了推遲死亡，而是為了品味生命。有些人會警告跑步有其危險之處，但在這些跑者眼中，那些都無關緊要，他們是在了解一切也全盤同意的狀況下選擇跑步，選擇突破過往的障礙，選擇追求可能的極限，譬如第一次全程跑完四百公尺，途中完全沒有停下來用走的，又譬如拚盡全力爭取鐵人三項冠軍。正如一則《美國醫學新聞》的報導：

運動史上，最令人難過、最能體現「敗之沉痛」的一刻，是一九八二年夏威夷鐵人三項世界錦標賽，在二十六英里馬拉松這個項目的女子組，時年二十三歲的選手摩斯（Julie Moss）本來位居第一，卻在最後關頭落敗。

摩斯距離終點線僅一百碼時，突然摔倒在地，起身後繼續跑了幾碼，卻又一次倒地。就在電視攝影機前，摩斯的身體機能失去控制，她再次起身，跑步，摔倒，接著開始匍匐前進。原本第二名的選手超越了她，她爬過終點線，伸出手臂，當場昏迷。

美國廣播公司體育台的麥凱形容此事「是項壯舉……體育轉播史上最了不起的時刻」。不過，朗博士卻持相反看法，他是任職於加州羅斯維爾醫院的骨科醫師，也是經驗老到的耐力跑跑者，在他看來，摩斯此舉「極為不智，近乎致命」。

朗和麥凱都說得沒錯，摩斯的行為是既不智又了不起。絕對沒人會鼓吹跑者跑到瀕臨死亡，可是，若是無人敢於挑戰這種壯舉，世界將變得多麼索然無味，多麼黯淡失色！如此一來，人類或許根本不會存在，畢竟在無史可考的遠古時代，不知多少原始獵人在追捕獵物的過程中豁出性命，只求讓族人存活，所以這些族人才變成我們久遠以前的祖先。像摩斯這樣的跑者乃是為了全人類而跑，我們因她才得以肯定人性，肯定人類的存在。我們也有理由相信，大師多半都如她一般，擁有這種不智卻了不起的渴望，願意將自己逼到極致，願意犧牲一切只為完成比賽，願意追求那些不可追求之物。

但是，你必須先經過多年的教學、練習、順服、運用意圖，才有可能嘗試探索極限。然後呢？然後，繼續鍛鍊，繼續待在停滯期，繼續走這條永無止境之路。

第三部

幫助你精進的工具

我們不明白的是，成為大師並不代表完美無缺，精益求精是一個過程，是一趟旅行。只要願意日復一日、年復一年走下去，就是大師；只要願意放手嘗試，失敗了，再試一次，永不停止，就是大師。

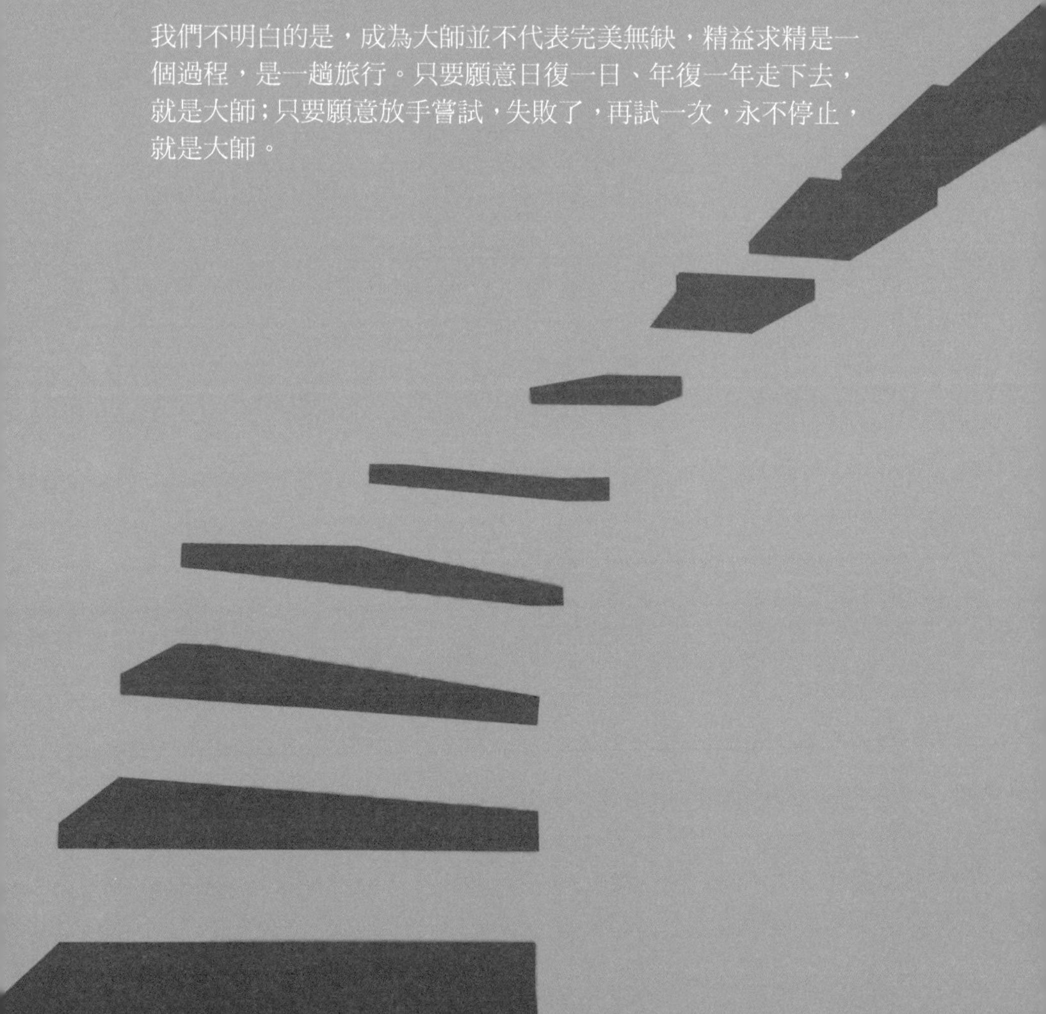

引言

啟程之日漸漸近了，是時候深入談談細節。如何避免退步？如何保持繼續旅程的動力？旅途中會遇到何種困難？如何在日常瑣事應用精進之道？啟程前該準備什麼？

以下是送給旅人的注意事項，以及一些臨別贈禮。再然後……一路順風！

第十章 為何決心無法持久？如何是好？

你決意讓自己的生活變得更好。不管你做出什麼樣的重大改變，姑且假設你決定展開精進之旅，養成規律的練習習慣。你把這事昭告親朋好友，把這份決心白紙黑字寫下來，也真的做到了。感覺真好，你好快樂，親朋好友也為你快樂，你的生活確實變得更好了。然後，你故態復萌。

怎麼會這樣？難道你天生是把懶骨頭，一丁點意志力也沒有？那倒不見得。**故態復萌是全天下的人都會做的事，無論改變是好是壞，每個人都會抗拒重大改變**，我們的身體、大腦、行為天生就傾向保持原狀，調整的空間不大，若受到變動，也會一下子回歸原樣——這種慣性其實是件好事。

仔細想想，要是你的體溫猛然上升或下降十度，麻煩可就大了，同樣的道理也適用於血糖濃度和其他身體機能。這種保持平衡、抗拒改變的情形，稱為**動態均衡**。所有能夠自我調節的系統，舉凡細菌、青蛙、人類，甚至是家庭、機構，進而是一整個社會文化，皆是如此，就連心理狀態、行為舉措、身體機能，也不脫這種現象。

動態均衡最簡單的例子，就是家中的空調了。裝在牆上的恆溫器能夠探測室內溫度，每逢冬日，一旦氣溫低於你設定的數值，恆溫器便送出電子訊號，打開暖氣，暖氣吹出熱風，送入恆溫器所在的房間，形成循環。只要室內溫度到達你設定的數值，恆溫器便再次送出電子訊號，關閉暖氣，如此維持動態均衡。

要讓室內溫度維持在對的數值，只需一個循環的訊號回饋；要好好維持一個生命，即便是最單純的單細胞生物，需要幾千個循環；要讓一個人的身體機能維持動態平衡，需要大腦放出幾十億次複雜的電化學訊號，透過神經纖維輸送，在血管中流竄。

舉個例子，每人體內都有大約十五萬個微小的恆溫器，以神經末梢的形式，安置在靠近皮膚表層之處，能夠敏銳探測體溫流失；另有大約六萬個恆溫器，位置較深入皮膚，能夠通知我們外界傳來的熱度；此外，在大腦底部的下視丘有個更加敏感的恆溫器，靠近負責把血液從心臟傳輸至腦部的大動脈，這個恆溫器能夠感測血液溫度變化，就連最微小的改變也察覺得到。每當你體溫降低，恆溫器會傳送訊號給身體表層的汗腺、毛孔、微血管，令其收縮，同時腺體活動和肌肉收縮會令你發抖，感官傳送非常明確的訊號至腦部，讓你持續活動、增添衣服、和他人互相偎依取暖、尋找遮風避雨之處、生火等等。

社會群體則需要更多訊息回饋的循環。為使家庭關係穩固，我們會使用許多方法：教導、勸誘、懲罰、特權、禮物、人情、表現讚賞與疼愛，甚至是運用極為微妙隱晦的肢體語言和臉部表情。規模比家庭更大的社會群體，則又多了各式各樣的回饋系統，例如為了維繫國家社會的運作，便有了立法程序、執法、教育、流行藝術、運動競賽、特別易於賺錢的幾種活動，更有道德風俗、聲望標誌、名人楷模、生活型態組成一張複雜的大網，憑著媒體的輔助，擔任整個國家的神經系統。雖然在我們看來，美國文化極度熱愛新事物，然而上述這些負責調控的功能，正如身體中的回饋循環，才是社會得以存續的機制。

問題是，動態均衡留下來的東西，不見得全都是好的。打個比方，假設你從高中開始便甚少運動，已經持續二十年，如今大部分朋友都開始養成運動習慣，你想了想，既然你無法扭轉這場健身革命，不如就加入吧。買緊身褲跟跑鞋還挺好玩的，接著你去你家附近的高中操場慢跑，頭幾步的感覺還行，殊不知第一圈才跑了約三分之一，可怕的事發生了。可能是突然反胃，可能是頭暈，可能是胸口傳來陌生、慌張的感覺，你覺得自己說不定快死了。

錯，你並不是快死了。此外，那些奇異的感受八成都沒什麼大不了的，只是動態均衡系統正發出警報，鈴聲大作、紅燈狂閃：「警告！警告！呼吸、心跳、新陳代謝發生劇變！不管你在幹什麼，立刻住手！」

要知道，對於那些你所謂的改變，動態均衡根本分不出好壞，只會一律加以抵抗。二十年來都不運動，你的身體早已認定久坐不動的生活型態才是正常的，結果你為了改善健康而做的改變，反被身體視為威脅。於是你慢慢走回車上，暗暗想著，改天再找另一種革命參與看看就是了。

再打個比方，假設一家子五口，父親偏偏是個酒鬼，每隔六到八週必定狂飲一場，在他灌酒期間，一直到喝完酒那兩三天，整個家必定鬧得雞犬不寧。這些都不是什麼新鮮事，坦白說，像這樣定期大鬧一番，反而才叫正常狀態呢。有一天，不知怎麼搞的，父親再也不喝酒了，你八成以為全家都會很開心。剛開始，家人的確很開心。可是，動態均衡這奇怪的機制，總趁你毫無防備之時回擊。接下來很有可能發生的是，每隔幾個月，家中某個人（例如正值青少年時期的兒子）就會做某件事（例如販毒被抓到），鬧得全家雞飛狗跳的，就像父親從前喝得爛醉的時候一樣。假如缺少專業協助，全家人大概都不會曉得，其實兒子不過是無意間取代了父親的角色，負責維持家庭的穩定與「正常」。

至於機構組織、社會文化抗拒改變，那更不必說了，就算改變確實發生，也很容易回復原狀。簡而言之，無論是哪一種狀況，這分抗拒其實與改變本身是好是壞無關，反而跟改變的速度和規模有關，**假如組織或社會欲推動改革，卻遭遇龐大阻力，那只有兩種可能：一、這是件規模龐大的壞事，二、這是件規模龐大的好事**。微小的改變就容易接受得多，譬如稍稍更動行政規定，也因此這類事情經常發生。相同的道理，諮商對談形式的心理治療之所以廣為大眾接受，或許是因為如此一來，案主幾乎不需改變，只要談談自己的問題即可。不過，以上這些話並不是要把動態均衡貶得一文不值，畢竟人的身心和社會中的組織還是穩定一些比較好，我們也希望準時收到薪資支票。為了生存，穩定不可或缺。

話雖如此，改變仍舊發生。人會變，家庭會變，組織機構和整個社會文化會變，恆溫器會經過重設，即便這過程可能引發不小的焦慮、痛苦和煩憂。關鍵在於，你打算如何調整動態均衡？如何用更輕鬆的方式迎來好的改變？如何使改變長久？

若你踏上精進之道，以上這幾個問題便至關緊要。假設你多年來在事業上漫不經心，有天決定改變自己，遵循精進的原則，顯而易見地，你的整個生活將會徹底改變，勢必也會面臨動態均衡的難題。即便你是把精進之道應用在與事業無關的領域，例如種種花草、打打網球，改變的效應仍會如波瀾般向外擴散，幾乎觸及你生活中的一切。無論在什麼領域，如果你深刻體悟到自己有做一件事的潛力，你人生的許多層面都可能因此改變，如此一來，不管你多享受這些改變，又受益多少，多半遲早會遇上動態均衡的阻力。動態均衡發出的警訊，可能會是生理或心理上的症狀，可能會是你在無意間破壞了自己全心付出的努力，也可能是親友同事加以阻撓；假如你並未因此打回原形，恢復成三分鐘熱度型、執著完美型或不思進取型，可說是幸運之極。

有朝一日，你必須決定是否要花費這麼多時間精力，持續走在精進之道，若答案為是，以下這五條準則說不定可以幫助你。雖然這五條準則談的是如何精益求精，但也可以用來因應生活中的任何改變。

一、**明瞭動態均衡的運作方式**。這或許是五大準則中最首要者。你要有遭遇阻力或反挫的心理準備；要記住，若是警鈴響起，不一定是因為你生病、懶惰，也不一定代表走上精進之道的決定是個錯誤。其實，這些訊號或許反而是種徵兆，代表你的生命確實正在改變，那正是你想要的。的確，這些警訊也可能代表了這件事不適合你，孰對孰錯唯有你自己能夠判斷。無論如何，千萬不要一遇到風吹草動，便在驚慌之下輕言放棄。

你也要做好準備，親朋好友、公司同事可能會阻撓你。如前所述，動態均衡不僅發生在個體身上，也發生在社會群體之中。比如說，以前你都在七點半勉強爬起來，總是踩九點的線抵達公司，現在你決心向大師看齊，六點就起床跑個三哩，八點半便精神飽滿地到達辦公室。你以為同事會高興得要命，但話別說得太早。然後你下班回家，仍舊活力充沛，你覺得家人會為了改變而開心嗎？或許吧。不過，要知道，若是一個部位改變了，整個系統都必須跟著改變，所以要是你愛的人開始明裡暗裡扯你後腿，倒也無須驚訝，他們無意傷害你，那不過是動態均衡作祟。

二、**願意配合你的抗拒，適時妥協**。遭遇阻力，紅燈閃爍、警鈴大作，這時該怎麼辦？這個嘛，你不能退後，但也不可蠻幹。無論什麼事，舉凡加快跑步速度、組織轉型，若想成功做到長期改變，關鍵在於妥協。長跑跑者如果想要縮短固定距離的跑步時間，會適時與動態均衡妥協，不把疼痛當成敵人，而要將之視為如何達成最佳表現的指標。想要改變公司的經理會擦亮眼睛，留意內部是否有反彈的聲音或不適任的情形，畢竟轉變必定招致不滿，必須小心維持平衡。

遊走極限的藝術，在此意味著願意走兩步退一步，有時甚至走一步退兩步。這麼做，需要有持續推動改變的決意，但也需要保持警覺，假如執意不顧警訊，你便會失去指引，更可能損害整個系統。忽略警訊、一味蠻幹，只會增加恢復原狀的可能。

你永遠無法確定阻力到底會從哪來。會是焦慮感？身心症狀？自己打消過去的努力？和親友同事起衝突？以上皆非？記得保持警覺，做好大幅妥協的準備。

三、**建立支持系統**。你可以獨自努力，但要是有其他人一同分享你改變的喜悅與困難，會大有助益。最好的支持系統，是那些曾有類似經歷或正在努力中的人，是會與你交換各自改變故事的人，是在你開始怠惰時敦促、在你持續奮鬥時鼓勵的人。好在，精進之道能夠讓人聚在一起，荷蘭史學家惠欽格（Johan Huizinga）曾著《遊戲的人：文化的遊戲要素研究》（*Homo Ludens: A Study of the Play Element in Culture*），影響深遠，書中提及運動和比賽常拉近人與人的關係，即便競賽結束，遊戲社群通常仍繼續存在，因為成員體驗過「屬於一個與世隔絕的小圈子，共享重要事物，一起排斥整個世界、抗拒世俗規範的感覺」。除了所謂的運動項目之外，同樣的情況也發生在其他領域，例如美術、工藝、打獵、捕魚、瑜珈、修禪、各行各業。

假如你孤身一人踏上精進之道，該如何是好？假如那條路上再無其他旅人，又該如何是好？最起碼，你可以讓身邊親近的人知道你在做什麼，請他們給予支持。

四、**養成規律練習的習慣**。假如你決定促成任何改變，可以練習某項值得一做的活動，養成規律的習慣，單純是為練而練，而不是為了特定的外在目標，如此一來，能夠增加生活的穩定感和自在感。如我再三重複的，這樣的練習正是精進之旅的基礎，這也是旅人之福。若是你在決定迎向挑戰、展開改變之前，便已經定期練習某件事，你會因此更加快樂，畢竟如果你天天晨起運動，那麼要把精進原則應用到事業或人際關係上的話，想必會更得心應手。練習是種習慣，不管練習的是什麼，都會培養潛在的動態均衡，讓你在改變的過程中擁有穩定的基石。

五、**終身學習**。我們經常忘記，學習不只是念念書而已，事實上，學習即改變。無論是牽涉到書、身體或行為的學習，教育便是改變學習者的過程，不見得要停在大學畢業的那一刻，也不見得要停在四十歲、六十歲、八十歲。最好的學習，就是學著如何學習——或者也可以說，學著改變自己。終身學習的人必定已經學會如何調適動態均衡，原因很簡單，是因為他時時刻刻都在調適。三分鐘熱度型、執著完美型、不思進取型分別是一種學習的型態，不過終身學習更是特殊的領域，只屬於那些願意永遠走在精進之道上的旅人。

第十一章 如何振作精神，精益求精

如果你覺得自己就是沒時間、沒力氣走上精進之道，想想這句俗話：忙人的時間最多。我們多半都認識這樣的人——總是精力充沛，完成的事遠比該做的份還要多。坦白說，要是我們停下來想想，幾乎每個人都會想起在過去某段時間，自己也曾如此精力充沛，彷彿多高的山都爬得過去，工作與休閒之間的界線逐漸模糊，最終消失。還記不記得，求學時期的自己上課頻打瞌睡，放學後辛苦的練球時間卻完全清醒？還有每段戀情剛萌芽的激情，事業面臨挑戰的振奮，危險迫近的警戒？

人類是一種長期不用便容易年久失修的機器。誠然，人體有其極限，也需要適當休息、放鬆，以保持健康，可是大體而言，人是藉由消耗能量來獲取能量，對付身體勞累的最佳辦法，往往就是三十分鐘的有氧運動。**精神或心靈層面亦是相同道理，人往往只要下定決心採取作為，或是產生採取行動的意圖，就能治癒心靈倦怠。**我們在高中學到，動能就是物質運動產生的能量，人也是如此，要行動才會產生能量，而且能量無法囤積不用。完形治療法創始人波爾斯（Frederich S. Fritz Perls）有言：「我不要無所事事，我只希望派上用場。」或許該說，每個人體內都潛藏驚人的能量，一生揮霍不盡。

假如此事為真，為何我們常疲憊不堪，就連逼自己做些最簡單的事也辦不到？為何遲遲不回覆信函，遲遲不修漏水的水龍頭？為何抗拒那股渴望有所助益、揮灑創意的衝動，只是一味窮忙，虛擲精力？為何枯坐在電視機前，任憑毫無意義的話語淹沒自己，白白讓生命中豐富的機會流逝？

一切都始於那段年幼的時光。你瞧那無拘無束的一歲半嬰孩，觀察幾個小時看看。這天生精力無限的小小孩身負重要任務，也就是純粹、不受干涉的學習，他也毫不留情地利用身邊的一切，利用任何他看見、聽見、嘗見、聞見、碰見的事物，好完成這項任務。稍加約束他以確保安全是必要的，但大人常常增加太多不需要的限制。因為我們大人已經捨棄太多能量，極易勞累，所以我們會說：「你乖乖的不要亂動！」或是「我不想再聽你吵吵鬧鬧的。」我們可能會訴諸命令、限制行動或體罰（老天爺啊），更有可能把孩子抱到電視前，也不管電視上正在演什麼，心想：「行了吧！這樣好多了！」結果害得孩子學習能力停滯，和我們一樣無精打采。

開始上學之後，孩子面臨更慘烈的狀況：學習太無聊了。每個問題都只有一種標準答案，學會答案的過程還得乖乖坐好，消極聆聽，什麼也不可以做。課堂教學這種常見的學習形式，逼迫二十到三十個孩子在同樣的時間做同樣的事，於是每個人都失去了主動做事、自由探索的可能。孩子活力充沛，但在學校勢必相當缺少玩耍嬉鬧、消耗精力的機會。比方說，六歲的小約翰想對全班唱首歌，結果老師只說：「約翰，現在不行，要上課。」還有更糟的：「約翰，不要傻了。」等到約翰四十歲，只要他心血來潮想做某件事，老師的話便會在他潛意識中響起。

傳統教育實在過分缺乏效益，只能勉強教會學生讀寫算數、一些少得可憐的知識，可是這套教學太依賴「不准」、「不行」、「錯」這類字眼，把學習的基礎建立在否定之上。愛因斯坦寫道：「求知的好奇心是如此神聖，竟然還未遭到現代教育徹底抹滅，根本就是奇蹟……若以為斥責打罵和責任感能讓人增加觀察探索的快樂，簡直大錯特錯。」

然而，這不只是學校的問題。在人生每個階段，同儕都會發揮關鍵的影響。大家都很重視合群的價值，過度旺盛的精力常被視為破壞和諧的威脅，實際上也往往如此，如果任憑人類的能量失控釋放，將發生可怕的惡果。舉例而言，心理病態就是學不會社會規範的人，這種人有時別具魅力，巧舌如黃，缺乏良知，毫無悔意，能夠把超人的精力心神投注在目標之上，只可惜那些目標通常短視近利，純為一己之私。

這樣黑暗的能量，一方面令人不安，一方面又使人著迷。不知為何，我們迷戀那些帶著黑色高帽的神秘男子、各種各樣的反派與盜賊，正因這些人大膽做出我們平時想都不敢想的事。再看看每日新聞，多少貪得無厭的傳教士、冒牌宗教大師、中飽私囊的金融業者、組織地下軍團並販售軍火者……個個毫無道德操守可言，只有無法饜足的強大慾望。我們自然有理由防備那些動機強烈或是過度狂熱的人，也無怪乎社會要讓我們「社會化」，要削減我們的精力。

以上所舉的都是負面例子，不過還是有人不但細心負責，又懂得保持、運用天生的精力，不僅使自己得益，也造福他人。這些人展現的能量，其實我們身上同樣也有，而且大半都能加以利用，如此浩瀚的力量，只要用上百分之十，便能大幅改變人生。以下這幾個原則，可以幫助你開始：

一、**維持良好體態**。我們都認識一些整天坐著處理文件卻體態良好的人，也有些人每當運動的衝動湧上，竟索性躺下來，直到衝動過去。不過，在條件相同的情況下，良好體態都能促進一個人各方面的精力。甚至可以說，在條件相同的情況下，比起那些久坐不動、生活不健康的人，較有自信、時常接觸自然、了解自己身體的人更可能把精力用於貢獻社會。

二、**接受負面，但要強調正面**。正向思考的力量頗具影響力，從著名牧師皮爾博士（Norman Vincent Peale）的著作《積極思考的力量》、史金納心理學、一直到最新的管理學期刊，處處可見。如今，樂觀思考時常招致批評，知識分子、自稱「堅強理性」的記者和評論家群起而攻之，可是許多研究顯示，相較於冷眼看世界的人，樂觀看待人生的人少受許多病痛折磨。

不僅如此，也更活力旺盛。

暢銷書《追求卓越》作者、美國頂尖管理顧問彼得斯（Tom Peters）曾說，任職於美國成功企業的經理「說出口的話相似得嚇人」，不管對象是男是女，他們都強調正向思考的好處、讚美的效用，以及其他正向回饋。彼得斯告訴我：「最成功的經理，就是不願意容忍負面思考的人。」他引用一項研究，其中發現高度成功人士「童年時期都受到非常誇張的讚美，有些聽了甚至讓人臉紅。由此看來，再怎麼讚美都不為過」。

「過度」樂觀可不可能發生？如果發生了，那便是否定負面因素的存在，不願意承認人生中、世界上可能產生需要矯正的壞事。某些東方哲學、西方宗教或準宗教，就是提倡這種思想，堅稱邪惡病痛不過是種幻覺，這種說法雖撫慰了信徒的心靈，卻往往導致信徒拒絕認清現實，對世上的不公義無動於衷，進而造成傷害。通常，**否認現實會遏抑人的力量，但務實面對真相則會釋放能量**。

即便遭逢人生重大挫折，也能令你獲得更多力量，因為這些打擊會讓你的生活偏離常軌，逼得你振作起來，不再懶懶散散。然而，假如你不承認這些挫折是真的，就無法振作。接受自己身上發生了不好的事，並不等同於怨天尤人，而是面對事實，繼續前進。光是向好友傾訴生活中的不如意，便能讓你心裡好過一點，重拾活力。

只要面對了壞事，之後就可以把心神放在你最好的那一面。若有機會，一定要避開那些以否定的話語猛烈批判你的老師與主管，因為要是只糾正他人的過錯，卻忽略他人做對的事，會損耗他人的精力。若換作你需要教導、監督或給予他人建議，可以試試這種說法：「我覺得你哪邊做得不錯，哪邊或許可以用什麼方式加強。」

三、**試著坦誠**。心理學家舒茲博士（William Schutz）在一九六〇年代致力推廣強調說實話的會心團體，並曾在企業擔任顧問，他說過：「在一間公司中，如果每個人都能說實話，公司會更有活力。有些公司主管上過我們的工作坊之後，說他們開會時間都縮短了，一間公司還告訴我們，原本開會要花一個半小時，如今只需二十分鐘，他們說：『我們心裡有什麼話就會直接說出來，再也不用浪費時間跟力氣把實話忍住不說了。』對組織而言，謊言與秘密就是毒藥，因為大家必須把精力浪費在撒謊欺瞞之上，還得記住不能對誰說什麼話。只要每個人都說實話，幾乎立刻就發生改變，錯誤減少，產能提高。」

最有效的實話，是坦白說出內心的感受，而非攻擊他人以達目的。簡而言之，誠以待人會帶來許多好處：風險、挑戰、刺激，以及釋出更多能量。

四、**接受自己的黑暗面，但不過度沉溺**。天知道有多少潛力被我們自己給壓抑了，潛藏在性格中不為人知的那一面，心理學家榮格把這種隱而不顯的自我稱之為「陰影」。擅長說故事的美國詩人布萊（Robert Bly）寫了本書，題為《人性陰影之書》（*A Little Book on the Human Shadow*），把榮格的概念套用至現代情境，書中說孩子就像一顆活躍的能量球，力量朝四面八方散射，但有些父母不喜歡球的特定部分，孩子為了保住父母的愛，便把父母不喜歡的部分放入隱形的袋子，在身後拖著。

布萊如此寫道：「到了上學的年紀，袋子已經塞得滿滿的了，然後老師又要湊上一腳：『好孩子不可以因為一點小事就生氣。』於是我們把憤怒拿出來，放進袋子。」到了二十歲，我們身上剩下的能量只剩一丁點，遠遠比不上從前了。

不過，那些隱藏起來的精力，依然可以再次發掘出來。只是，把被壓抑的個性拿出來加以運用，並不等於自我放縱、任意為之。舉例來說，憤怒蘊含充沛的能量，如果壓抑太過，導致完全感受不到憤怒的情緒，顯然就無法有意識地將憤怒用於有益之事。然而，如果把憤怒從袋子裡拿出來，卻一味沉溺其中，把憤怒變成一種反射動作，反而會消解它不容小覷的力量。在某些場合，表達氣憤並無不妥，假如能夠好好運用憤慨（甚至是狂怒），更有可能助你達成正面目標。換言之，每逢怒意漸生，你可以選擇埋首熱愛的事物，也可以轉化隱藏在怒火之下的能量，當作在精進之道上更進一步的動力。

若社會不再迫使每個人把性格上的許多部分裝進袋子，這世界想必會活力充沛得多。如今，我們應該明白，那些受人仰慕、時時精力旺盛的人，其實都懂得從所謂的黑暗面挖掘熾烈能量，加以運用。

五、**訂定優先順序**。在你能夠善加利用潛在能量之前，必須先決定要用它來做什麼。無論決定為何，都將面臨殘酷的事實：選擇一條路，代表放棄其他所有的路；選擇一項目標，代表放棄許許多多可能的目標。我有位朋友已經二十九歲，仍在尋覓人生目標，他說：「我們這一代所受的教育，告訴我們要保留一切可能性，但要是你真的保留一切的可能性，根本什麼都沒辦法做。」這就是問題所在：畢竟，任何一種選項、一種目的，怎麼可能勝過其餘可能性加起來的總和？

這條難解的數式，不僅與人生目標相關，也與你接下來二十分鐘該做什麼有關——該整理亂七八糟的衣櫃，還是讀剛買的新書，或者去寫信？要是你生活浮華，崇尚消費主義，面臨的選擇更是倍數起跳，電視又把一切弄得更加複雜，表面上提供了數不清的機會，其實卻是誘使你什麼也不選，只要坐在原位，呆看那數不盡的驚奇，不思不想。猶豫不決導致毫無作為，毫無作為導致能量低落、憂鬱絕望。

唯有接受人生有限，才能獲得解放。雖然不能什麼都做，但可以只做一件事，做完了再換下一個，然後再換一個。就能量而言，就算做出錯誤的決定，也比什麼都不選要好。你可以從列出優先順序著手，從今天的計畫開始，進而規畫下一週、下一個月、一生。剛開始不要太貪心，先列出今天想做的所有事項，加以分成一、二、三類，藉此區別順序，最起碼要做完第一類，長程規畫也是相同的方式。優先順序的確會改變，你可以隨時修改，但只要用白紙黑字寫下來，就能讓生活更加條理分明，清晰的條理能夠創造能量。

六、**做出承諾，採取行動**。精進之道沒有終極目的，之所以選擇這條路，只是為走而走。但如我先前所說，一路上或許會出現階段性的目標，頭一個就是要開啟這趟精進之旅。一個無論如何都不能放寬的期限，最能在短時間內激發能量，例如活動開幕、交易終止、期刊書籍送印等等，許多人皆感同身受。我們道館每四年貼出公告，請符合資格的學生報考段位測驗，有的人會立刻報名，有的卻要等到考試前幾天才報名。學生光是簽下自己的名字，便會油然生出一分清明與能量，每次看著他們，都讓我獲益良多。越晚報名的人，就越晚享受那股因承諾而生的力量。

因為他人施加的期限而激發精力，這種好處並非隨時都有。有時候，你得自己訂定期限，但要認真看待才有用，一個辦法是昭告天下，告訴所有對你來說很重要的人，期限越嚴、越難寬限，就越能激發力量。最要緊的是，一定要持續前進，別輕易放棄，花點時間深思熟慮地計畫，但也不要計畫一輩子。歌德寫道：「無論你做得到什麼，或是夢想自己做到什麼，立刻動手去做吧。勇敢會使你聰慧，給你力量，賜予你魔法。」

七、**踏上精進之道，不要離開**。長期而論，再也沒有其他事物能像精進之道一樣，讓你過著充滿活力的生活。規律練習的習慣不僅使人產生能量，還能馴服這些能量，若是缺少練習在背後堅定支撐，期限可能反而使人的生活大起大落，一下子瘋狂趕工，一下子歸於沉寂。在精進之道上，你能學到如何正確看待事物，如何在低潮時，依然讓能量流動，如同精力充沛時一樣；你也會學到，能量無法囤積，什麼都不做是無法累積能量的，儘管適時休息的確是精進之旅的一部分，但假如缺乏正面行動，休息只會令你消沉。

其實，社會中的絕望不滿，以及四處蔓延、引發犯罪與戰爭的消沉抑鬱，大半都是源自無處發洩的精力，源自我們壓抑不用的潛能。那些能量自然流動的人，並不需要吸毒、犯罪、上戰場，就能擁有完全清醒的神智，感受到充沛的活力。世上還有許多充滿創意、有建設性的事，夠讓所有人做了。每個人都能激發更多能量，現在開始仍不嫌遲。

第十二章　一路上的難關

展開精進之旅很簡單，但要把這條路走完才是真正的挑戰。一路上，若是你潛心耕耘，便會獲得回報，但也會遇上難關，全部避開大概是不可能的，不過光是知道會碰到什麼，就已經很有助益了。以下是在精進之道上可能遇到的困難：

一、**矛盾的生活方式**。精進之道並非憑空存在，而是橫跨了一片由責任、快樂、人際關係構成的山水。假如旅人原有的事業和生活恰好與精進之旅相輔相成，那是他的福氣；有些旅人則可能要在工作時間之外，騰出時間和空間做他想要的練習，這些練習雖然能使他日益精進，卻無法賺錢維生。關鍵在於保持務實的態度：你究竟有沒有辦法在工作和練習之間保持平衡？且莫絕望，每個人身上都潛藏巨大的能量（參見第十一章），至於時間，大可挪出每天花在看電視的那七小時（這是美國平均數字）。除此之外，親朋好友也是個問題：他們支持你做這些事嗎？最要緊的是，你的另一半支持嗎？心理學家布蘭登（Nathaniel Brandon）嘗言：「千萬別和無法與你分享快樂的人結婚。」重點是，要是你的精進之道走得並不順遂，別忘了回頭審視自己的生活，衡量看看把精進原則融入生活的可能。

二、**過度執著於目標**。如同我在本書多次指出，如今大多數人只想快速獲得明確的成果，這種態度就是精益求精最致命的敵人。有企圖心很好，但是若想達成目標，最好的方法就是每走一步路，便培養、調整適度的期待。

換言之，登山的時候，雖然知道峰頂就在前方，但也別一直盯著山峰看，你要做的是把目光放在眼前的路上。當你走上山頂，就如禪學所言：繼續往上爬吧。

三、**教學成效不彰**。前文提過，良好的教學非常重要，也說明了分辨劣師的方法（參見第五章），在此只擇要簡述幾點：順服你的老師，但視他為老師即可，千萬不要把他當成精神領袖；找老師不要一換再換，但要是教學始終缺乏成效，也不要懶得改變；最後要記住，學習要有效，最大的責任不在老師身上，而在你身上。

四、**缺乏競爭**。無論是在運動場上，抑或在生活中，競爭就像調味料一樣，能夠增添風味，除非調味料變成唯一的食糧，選手才會生病。正常來說，競爭會使人更有動力，也是一場比賽或事業能夠進行下去的要素，因為與他人競爭的時候，雙方勢必要跑在同一條跑道上。競爭是個良機，可以使你千辛萬苦練成的技能更加進益，臻於完美。假如缺乏必勝的決心、沒有全心投入，等同糟蹋了這場比賽，也侮辱了你的對手。在精進之旅中，勝利是不可或缺的，不過也並非唯一，能夠贏得優雅、輸得有風度，才是大師風範。

五、**過度競爭**。走在精進之道上的人，若是滿腦子只有贏，長遠下來必定輸得一敗塗地。「勝利不是一切，而是唯一」這句話，可謂史上最大騙局，仔細想想，如果勝利就是唯一，那麼訓練、紀律、體能訓練、品格便全都不重要了。有人說「贏會變成一種習慣」，但輸也會；這種「爭第一」的篩選標準造成選手過度競爭，製造出來的輸家卻比贏家多太多了。不知多少潛在奧運金牌選手放棄運動，只因青少年聯賽的教練這麼宣揚：人生唯一目的就是擊敗鎮上另一所學校的校隊，手段不重要，重要的是贏。

六、**怠惰**。怠惰可以從心理學角度解釋，例如抗拒、依賴等等，不過直接看字典上的詞義大概更有用：「懈怠：意味著不願採取行動，好逸惡勞，無所事事，懶惰散漫」。壞消息是，怠惰會讓你偏離精進之道。好消息是，精進之道也是治療怠惰的最佳藥方，使你勇氣倍增。

七、**受傷**。假如你選了一條運動健身之路，可能會像大多數人一樣，在某個階段受傷。受點小傷那是正常，要是傷得重了，說不定會暫時讓你偏離精進之道，或是逼得你永遠放棄（會頻繁發生肢體碰撞的運動除外，這些運動的嚴重傷害多半有辦法避免）。受傷的原因很多，例如過度執著於目標、高估自身實力、未善加掌握自己當下的身體狀況等等。達成目標的最佳辦法，就是徹底覺察每個當下。若想超越過去的極限，就需要與自己的身體狀況妥協，既不能無視身體發出的訊號，也不能強迫身體做些高難度的挑戰，這個妥協的過程，便牽涉到對身體狀況的覺察。要避免受傷太重，需要小心謹慎，但更需要覺察；某種程度上，同樣的道理也適用於精神和情緒。

八、**用藥**。這個社會不斷告訴你短時間成功是可能的，藥物便會帶給你迅速成功的錯覺。有些旅人想要快速前進，於是利用藥物取得進步，一次次體驗高潮，根本沒有好好花時間留在停滯期。這種作法乍看有效，可是經常使用卻必然造成災難。用了藥的人，已偏離精進之道。

九、**獎賞**。過度依賴外在動力，可能使你在精進之道上走得越來越慢，甚至是停止。研究發現，老師用金色星星獎勵學童，剛開始確實會讓孩子學習得更快，但不久就會趨緩，即便增加星星也無效。一旦停止發星星，孩子的學習速度會掉得更快，甚至不如本來就不會拿到星星的對照組。曾有學者研究跑速的心理極限，結果發現會使冠軍選手停止進步的最大因素，就是打破紀錄或贏得重要獎牌。《科學人》雜誌（*Scientific American*）一九七六年六月號刊登一篇文章，由萊德、卡爾、黑格爾特三人共同撰寫，文中寫道：「這些優秀的跑者無論如何都不會停下腳步，可是一旦創下紀錄，卻就此停滯不前，就連常勝將軍也是如此。他們在相對短暫的跑步生涯中，效仿過去那些偉大的選手，取得不少成就，然後在拿到某一面金牌之後便停止前進，就像前人一樣。讓他們不再進步的原因是金牌，而不是跑速已經到達極限，既然如此，他們達到的跑速絕不是終極的心理極限。」除非我們終於明白，最大的獎賞不是金牌，而是這條路本身，否則我們或許永遠也不會知道，這條路究竟能走多遠、人類究竟能創下多大的成就。

十、虛榮。也許你走上精進之道是因為看起來很帥，但是在學習新事物時，如果想學得好，一定要肯出醜。即便練習多年，還是可能摔得四腳朝天；要是一名最有價值球員判斷失誤，一屁股跌坐在地，那絕對是在眾目睽睽之下發生的事。你必須願意在老師和幾個同學、朋友的面前出醜，假如你滿腦子只想維持完美形象，便永遠不可能全神貫注。但是，唯有全心投入，學習才會有效，才會讓你做到最好。

十一、正經八百。少了笑聲，一路上的崎嶇困難或許會痛苦得令人難以承受。幽默感能減輕負擔，拓展眼界；太過嚴肅只會侷限你的視野，笑聲卻能夠讓你視野清明。選擇旅途上的同伴時，千萬留意那雙一味正經、自尊自傲、冷硬嚴肅的眼睛。

十二、**不夠連貫**。持之以恆、連續練習，是大師的象徵。如果可能的話，維持連續不斷的時間與空間，能夠建立一套節奏，使你更有自信，更加進步。如果在練習前、練習中、練習後，建立一套最愛的儀式，也會對你有所助益。心理學家契克森米哈賴（Mihaly Csikzentmihalyi）曾研究一種令人心情舒暢的專注狀態，稱為「心流」，他指出，有些外科醫生每次手術前，總要用完全相同的方式洗手、戴手套，藉此屏除心中的雜念，把注意力全部放在眼前的任務上。若是不夠連貫，不僅會損失練習的時間，甚至會在你終於能夠練習的時候，把一切都搞得更複雜。然而，如果你湊巧錯過幾次練習，千萬不要以此當作徹底放棄的藉口。精進之道曲折蜿蜒，你的行動和策略都需要一定的彈性，所以，雖然連貫是必要的，但正如散文家愛默生所言，一味追求連貫只是「頭腦昏庸愚昧的表現」。

十三、完美主義。多虧了科技，我們在家就能享受各式各樣的大師級表演，某方面來說，這其實是件憾事。轉開當地古典樂電台，我們都預期聽到「二十四小時播放世界級交響樂」，這些演奏不僅經過嚴密排練，更經過多次錄製，把演奏得最好的段落組合成曲，再把整首曲子用電腦效果加強一番；打有了巡迴展覽，在各地美術館就能欣賞梵谷、竇加、高更、馬奈的畫作；打開電視，就能看到頂尖運動員、舞蹈家、溜冰選手、歌手、演員、諧星、名嘴，個個端出看家本領。和這一切相比，我們又有什麼條件談要日益精進，成為大師？此外，有的人律己極為嚴格，就算不和世界上最頂尖的高手相比，依然給自己設下誰也達不到的極高標準——要摧毀一個人的創造力，最有效者莫過於此。我們不明白的是，成為大師並不代表完美無缺，精益求精是一個過程，是一趟旅行。只要願意日復一日、年復一年走下去，就是大師；只要願意放手嘗試，失敗了，再試一次，永不停止，就是大師。

第十三章 精通稀鬆平常的小事

對於目標、結果和速效良方的執念，會使我們對生活感到疏離。說得更明白點，我們因此失去了生命中大把大把的時間：早晨醒來，急急忙忙穿衣（穿衣服的時間不算人生），然後急急忙忙吃早餐好快點上班（吃早餐的時間不算人生），然後急急忙忙趕去上班（趕去上班的時間不算人生）。也許工作很有趣、很有成就感，不至於讓我們苦苦等著午餐時間到來；也許午餐會是一場溫馨親密的聚會，聊天的內容又有趣——不過，這都只是也許。

再怎麼說，總有些生活瑣事是多數人都無法避免的：打掃清潔、熨燙衣物、耙掃落葉、購買生活用品、載孩子參加各種活動、煮菜燒飯、洗碗、洗車、通勤、執行工作上的例行公事，**我們往往認為，做這些瑣事的時間都只是零碎的「間隔期」，得趕快處理完，才能投入真正重要的事務。可是仔細想想，生活中大半時間都是這種「間隔」，如果總是用目標至上的方式思考，真正重要的事物便所剩無幾了。**

一般而言，若是不算上季後賽，一支國家美式足球聯盟球隊一年總共只打了十六小時的球，對這些球員來說，難道這一年剩下的八千七百四十四小時都只是「間隔」？難道非要有了產品、有了利益，某一段時間才有意義？假如真像俗話說的：勝利就是唯一，那麼高潮時刻是否也只因為勝利才有價值？

關於這個問題，還有另外一種思考的方式。乍看之下，禪修好像只是安排時間打坐念佛，不過要是你問任何一位禪修大師，他們都會告訴你：砌石牆、洗碗的本質和規規矩矩打坐並無不同，一位弟子念禪念得好不好，不光和他是否靜心打坐有關，也和他怎麼灑掃庭院有關。這樣的思維，能不能也套用在俗世上？不管是稀鬆平常的小事抑或異乎尋常的大事，或許只要我們把一切都當成練習，就能重拾生命中錯失的光陰。

開車也是一種藝術

以開車為例，假設你要開十哩的車拜訪朋友，說不定你會把這趟車程當成一段間隔，只想快快開完。不過，你也可以把這當成一種精進的練習。開車之前，你便必須清明警醒，覺察到當下的時間、溫度、風速、風向、太陽的角度，是否下雨、下雪或雨夾雪等等。把這份清明擴及整個身心與情緒，花點時間在車旁走一圈，確認車況是否良好（尤其是輪胎），檢查擋風玻璃跟窗戶是否夠乾淨，不會妨礙視線，還要確定汽油跟水是否足夠。

打開車門，坐上駕駛座，儀式般地執行接下來一連串動作：繫緊安全帶，調整座椅和後照鏡，檢查煞車夠不夠緊，轉轉看方向盤夠不夠順手。然後，在把車發動之前，放鬆下來，深呼吸，特別留意肩頸和腹部，好好鬆開這幾處的緊繃感。向後靠去，背部緊靠椅背，就像要陷進去一樣。感受臀部和腿安放在椅子上的重量，讓自己彷彿與座椅融為一體，與整輛車合而為一。

發動引擎，留心聽引擎的聲響和震動；檢查每一個燈號和量表，確定汽油還夠；回想最近車子出過什麼狀況，會不會影響這趟車程；開始前進的同時，靜靜許下承諾，你會為整輛車四周的空間負責（包括車前、車身兩側、車後），也會小心開車，無論其他車怎麼開，都盡可能避免意外。

這短短一趟車程，便能帶來很多練習自我精進的機會。我們總以為開車技術沒什麼大不了的，因為會開車的人太多了，但其實要在多變的天氣、交通、路況中操控一輛車，需要極高的認知、專注、協調與判斷能力。一九六〇年代，加州大學洛杉磯分校的腦科學研究員曾測量太空人候補在參與不同活動時的腦波，其一是模擬登月，其二是在洛杉磯高速公路上開車，結果發現開車時腦部更加活躍。

每位駕駛都需要懂得幾項特別精細的技巧：留意車身四周的所有車輛，預測它們的行動；以正確的速度進入彎道，轉彎時略為加速；煞車順暢而沒有中斷感，不至於在快撞上前車時才猛踩煞車；踩下離合器配合換檔，一氣呵成；在車流擁擠的高速公路上換車道，但又不會逼到其他車；面臨意外狀況，仍從容應對。

開車也是一門高尚的藝術，是在長時間的平淡、短暫卻嚇人的挑戰之間，尋求微妙的平衡。你隨時可能在下個轉彎受傷或死亡，這一切都使得充分精通開車技巧更形重要。不過，把精進原則應用在更單純的事物上，也能對你有所助益。

家常事務的節奏

以洗碗為例，你可以匆匆洗完，草草應付，只要快點把這件事情搞定就好；你也可以把洗碗當成一種冥想或舞蹈。如果你選擇後者，開始之前，先花點時間定定神，找到自己的平衡與重心（參見第十四章），決定好大致的做事順序，再動手洗碗。留意自己每一個肢體動作，雖然洗碗最主要用到的是手，但也要注意其餘身體部位，尤其是雙腳、腹部、肩膀和背部。想像所有的動作都是源於全身的重心，就在肚臍下方約一吋的位置。動作盡量做得俐落、優雅、行雲流水，避免倉促了事。不要想著把手上的碗洗完就能做下一件事，要完全專注於當下，專注於當前的任務。總而言之，不要操之過急。你說不定會發現，正因為你不急了，碗反而洗得比平時更快，也很可能在洗完之後心情變好。

生活中處處都是機會，供你練習精進之道這不慌不忙、永不停歇的步調，學習注重過程而非結果。矛盾的是，比起當前社會總是極度匆促、目標導向的節奏，運用精進原則的成果往往更快、更多、更好。習慣精進之旅的步調，同樣需要練習。如果要把生活瑣事都當成精進的練習，真空吸塵器可謂絕佳教材：那彎曲如蛇的軟管、長長的電線，彷彿是專為勾住房間裡每樣東西而設計的，集塵桶似乎固執地老想撞上每個家具或是被卡住，連接著軟管的吸嘴總是沒辦法好好清理該清的地方，電線老是在最不方便的時候被拉到最底，需要重找地方插電。

如果你一直以來都成功避免使用吸塵器，你大概不知道自己錯過了什麼好東西——用吸塵器是挺煩人的沒錯，但也是個好機會，可以藉此練習精進之旅所需的技巧。用吸塵器的難度之高，不輸想辦法達到收支平衡、整理論文的註解、把高爾夫揮桿動作練好。要是有人能夠吸完整間屋子，沒有失控發飆，依然保持理智沉穩，全神貫注於吸地的過程而非不耐煩地只想快快結束，這人想必深諳精進之道。

感情關係的挑戰

雖然這個社會持續把一個人的生活劃分成不同部分，但從個人經驗出發，其實生活每個層面都是渾然一體的，我們如何走路、和小孩說話、做愛，也關係到我們如何滑雪、用功、工作。仔細想想，有時候我們肯投注全副心力增進網球技巧，卻把談戀愛這類「生活瑣事」交給命運，這實在是件很奇怪的事。

事實上，如果一個人必須勤奮努力才能成為運動大師，那麼他自然也要勤奮努力才能成為感情大師，整體來說，還要比運動更努力些才行。不管是運動還是感情，都必然有起有落，還有漫長的停滯期。**最終你會發現，在生活中各大層面，最關鍵的學習和進展都發生在停滯期**，同樣的道理也適用於此，以下將舉例說明如何在感情上應用精進之道的五大關鍵。

教學

有些人一聽到婚姻諮詢、關於經營感情的書或節目，便嗤之以鼻。有些諮詢確實平淡乏味，有些書的用字遣詞或許讓人想吐，然而一段親密關係可能是在雙方毫無所覺的狀況下變得貌合神離，單憑自己不見得能解決所有的問題。如果你已經展開精進之旅，無論是關於運動、感情或其他領域，必然需要尋求你所能找到最好的指引，形式可以是一位顧問、一本書、或是一個具有同理心又不帶偏見的朋友。記得貨比三家，謹慎挑選，請人給你建議。

練習

運動員願意一週花上好幾個時段專心練習，走上精進之道的伴侶也起碼該做到相同的事，可以特別騰出幾個時段，不須顧及孩子、親友、工作，不做平時的休閒娛樂，只是好好經營這段關係。不過，正如前所述，練習並沒有這麼單純，還需要穩定踏實的態度，即便一再重複平凡的事情也樂在其中。

順服

順服於一門技藝是大師的象徵，不管這門技藝是武術，或是婚姻。你願不願意淘汰不合時宜的行為模式，就算你不知道這個模式會被什麼取代？面對某些長久爭吵的話題，你願不願意為了使這段關係成長、改變，適時選擇全盤退讓？這件事難就難在學著捨棄自尊，卻又不能讓自己失衡。你越是強大，能給予自己的就越多；你給予自己的越多，就越是強大。

意圖

培養正向的態度，就已經在感情的精進之道前進一大步了。此外，強韌的精神（意即能夠專注於某個問題或長期目標）、開放的態度（能夠找到不同的選項）、想像力（能夠把渴望的狀態視覺化）也能應用在運動、感情，或是任何領域上。

極限

精進之道雖然是由持之以恆的練習構築而成，但同時也是一趟冒險。走在這條路上的伴侶會願意接納新事物，願意一起玩新的遊戲，一起跳新的舞。說不定，親密關係正是世上最壯闊的冒險：你要敢於褪下層層武裝，在特定場合全心享受當下，揭露自己的一切卻不求任何回饋。

本章的重點在於，無論你打算培養什麼技能，無論你選擇什麼道路，精進原則都能夠指引你。

歸根結柢，生命中沒有什麼是稀鬆平常的小事，也沒有什麼只是間隔，每一個行動、每一個想法都互相交織，構成一張浩瀚無垠的網。每一條精進之道，終將合而為一。

第十四章　收拾行囊

事不宜遲，該打點行裝上路去了。或許，你打算學習新事物，啟程邁向陌生未知的領域；或許，你總算下定決心，好好發展一項學了幾個月甚至幾年的技能，不再熱度一退就放棄、不再追求完美、不再不思進取；也或許，你誓言終生實踐精進之道，盡可能做到最好。

不管是哪一種，以下是一份清單，列出你該從這本指南書裡帶走的東西，還有幾份臨別禮物給你裝進背包，讓你的旅程更多采多姿，此外，一路上總會經過險惡陡峭、難以跨越的路段，這些禮物便會派上用場。先從清單開始吧，一一檢視這些物品，放入行囊，旅途上隨時可以回頭查看。

精益求精的五大關鍵

- □ 關鍵一：教學
- □ 關鍵二：練習
- □ 關鍵三：順服
- □ 關鍵四：意圖
- □ 關鍵五：極限

如何適應改變、調節動態均衡

- □ 明瞭動態均衡的運作方式
- □ 願意配合你的抗拒，適時妥協
- □ 建立支持系統
- □ 養成規律練習的習慣

□ 終身學習

如何振作精神，精益求精

□ 維持良好體態

□ 接受負面，但要強調正面

□ 試著坦誠

□ 接受自己的黑暗面，但不過度沉溺

□ 訂定優先順序

□ 做出承諾，採取行動

□ 踏上精進之道，不要離開

一路上的難關

- □ 矛盾的生活方式
- □ 過度執著於目標
- □ 教學成效不彰
- □ 缺乏競爭
- □ 過度競爭
- □ 怠惰
- □ 受傷
- □ 用藥
- □ 獎賞
- □ 虛榮
- □ 正經八百

□ 不夠連貫

□ 完美主義

接著輪到臨別禮物。以下這幾項身心操來自「李歐納能量訓練」，這套訓練是我受合氣道啟發所設計的，在美國已傳授超過數萬人，其中有運動員、有公司主管、也有想要改善關係的伴侶。李歐納能量訓練一方面把身體視為人生的譬喻，來說明該如何解決日常生活中的問題，另一方面也把身體當作學習工具，教人改變解決問題的方式，身心靈各方面的問題皆適用。對踏上精進之道的人來說，這套訓練尤其實用。

取得平衡，回歸中心

取得平衡，意即把全身從頭到腳的重量平均分配至身體的前後左右；回歸中心，意即把對身體的意識集中於腹部中央（而非頭或肩之類的地方），所有肢體動作皆應發自中心。在此要記住一項重點：平衡沉穩的心智，很大一部份要仰賴平衡沉穩的身體。

西方人大多把重心放在上半身，一味向前，對這樣的人而言，光是把注意力放在腹部，有時便會產生奇妙的效果。比方說，在危急時刻，只要輕撫身體中心（肚臍下方約一到二吋之處），你的心態就會產生顯著改變，也讓你更有能力處理當下的狀況。你可以實驗看看：採取平常的站姿，輕點額頭幾下，藉此把注意力放在上半身，然後請一個人從後面推你一把，推的時候手放在肩胛骨上，力道足以讓你失去平衡、往前踏一步即可。接下來，採取完全一樣的站姿，輕點肚臍下方大約一、二吋之處幾下，好讓注意力挪到身體中心，然後再請人用一模一樣的方式、一模一樣的力道推你，多數人都發現注意力在中心的時候，身體會比較穩定。

以下是回歸平衡與中心的完整流程，單獨或多人一同練習皆可，做的時候，請找人幫忙念出這些文字，最好口齒清晰地慢慢念，每逢刪節號便稍停一下。

雙腳張開，比肩略寬，雙眼睜開，膝蓋打直，雙膝不要互碰，軀幹挺直，雙臂放鬆地垂在身側……伸出右手，用手指碰觸肚臍下方約一到兩吋處，穩穩壓住腹部中央……現在鬆開，右手垂在身側……像平常一樣呼吸，讓那股氣往下通過身體，彷彿直通身體的中心。讓腹部隨著吸氣的動作拓展，從中央推向前方，向後方，向骨盆兩側，向骨盆底……

繼續放鬆地呼吸，同時雙手向前平伸，手腕完全放鬆，然後用力甩手，用力到整個身體都跟著晃動起來……現在慢慢把手放下，垂在身側。雙手一碰到腿，再慢慢舉起手臂，直直往前伸，彷彿你從脖子以下都浸在鹽水裡面，雙臂就浮在水面上。舉起手臂的同時，微微屈膝往下蹲，手掌輕鬆地垂著，掌心向下，就像正漂在鹽水上一樣。軀幹保持挺直。雙臂呈水平時，抬起手掌，掌心向前，像是要輕輕把浮在水上的海灘球往前推，肩膀放鬆。現在，平平揮動手臂，先由左至右，再由右至左，彷彿可以用張開的雙掌偵測或『看見』四周的東西……

甩甩手，重複以上動作，先放下雙臂垂在身側，接著讓雙臂再次浮起，一邊舉起手，一邊稍稍往下蹲，雙膝微彎，軀幹挺直。現在，掌心向前，左右揮動手臂，就像要用掌心感知這個世界……

好，把手放下，這次完全放鬆，自然地垂在身旁……閉上雙眼，膝蓋不要相碰，也不要彎曲。檢查自己的重量是不是平均分配給左右腳，稍稍把重心左右挪挪看，仔細把全身的平衡調正……現在，檢查自己的重量是不是平均分配到前腳掌和腳跟……膝蓋不要相碰，不要彎曲……繼續閉著眼睛，如果準備好了，隨時可以換成你覺得比較舒服的姿勢……現在，前後動動你的頭，找到脊椎最不需要費力就能支撐頭部的位置。保持敏銳，想像自己正在尋找能收到廣播電台微弱訊號的最佳位置……

花點時間放鬆下顎……舌頭……眼周的肌肉……額頭，太陽穴，頭皮……頸背……

現在，急吸一口氣，同時聳起肩膀，拉緊……一邊吐氣，一邊放鬆肩膀，不要前傾，而是慢慢直線向下，好像溫暖軟化的巧克力。每吐一口氣，肩膀就慢慢往下放一點……讓這種融化般的感覺順著手臂往下走，一路到手掌，感覺雙手變得又重又溫熱……讓融化的感覺流向肩胛骨……流向胸腔的前、後、左、右……往下流到橫膈膜……讓每個器官休息，放鬆，變得柔軟……再往下到骨盆四周，讓骨盆也放鬆，把所有緊繃感釋放出去，每吐一口氣，就更放鬆一些……讓融化、放鬆的感覺順著腿往下，來到雙腳……感受自己的雙腳溫暖了地板，地板也反過來溫暖了雙腳。感受地心引力那安穩牢固的懷抱，讓你牢牢連接在地球上，也讓地球牢牢連接著你……

現在，把意識放到後半身。如果你能感知到背後的東西，會怎麼樣？那會是什麼感覺？如果你的腰背上有感測器或「眼睛」，會怎麼樣？……如果是頸背呢？……膝蓋後面呢？……腳後跟呢？……閉著眼睛，你有沒有辦法大概『感覺』到背後有什麼？……

現在，好好感受全身上下，找出是否有任何緊繃、僵硬、麻木的地方。如果有，想像那個地方亮起來，專心想著那一塊區域。有時候，光是知道哪裡不對勁，就足以解決問題了……

再次專注地呼吸……感受呼吸的韻律……現在，一邊吐氣，一邊張開眼睛，不要盯著某個特定的東西看，只要讓眼前整個世界慢慢浮現……雙眼保持放鬆，放緩腳步四處走走，就這樣維持目前放鬆又平衡的狀態……讓你身體的中心成為意識的中心……問問自己，做完這個練習之後，一切是否看起來不一樣，感覺也不一樣了。

多練習幾次這套回歸平衡與中心的流程，接下來再做的速度就會變快，甚至幾秒就能做完。在此重申最重要的一點：身體可以視為一切的隱喻，不管是感情關係、工作、家事，甚至整個人生，都可以像這樣回歸中心，找到平衡。

回歸中心

在精進之旅中，無論你的技巧再怎麼高明，平衡再怎麼完美，依然會有失衡偏離中心的時刻。且不必灰心喪氣，你可以為此預做準備，如果你保持清明，說不定在找回平衡與中心的時候，還會變得更加穩固。以下這兩種練習，可以幫助你回歸中心。

一、閉上雙眼站立，找到身體的平衡與中心。然後，雙膝屈起，腰部以上往前傾，雙臂往地板垂下。習慣這個姿勢之後，迅速挺直身軀，立刻睜開眼，徹底感受那種失去方向的暈眩感，不要強硬地取回平衡。一手碰觸身體中心，回歸平衡安定的狀態。細心感受整個過程。經歷過短暫的混亂，你的平衡是否更加穩固，中心也更加穩定有力？

二、試著睜開眼睛做一次回歸平衡與中心的流程，接著在睜著眼的狀態下，向左轉幾圈，再向右轉幾圈，只要讓你有點頭暈即可，不要轉過頭了。停止轉圈，觸摸身體中心，回歸平衡安定的狀態，特別注意雙腳腳底。同樣地，在回到重心時，細心感受整個過程。

每當你的身心失去平衡，偏離中心，就回想這兩個練習的感覺。

從意料之外的打擊中汲取力量

無論事先計畫得多麼完善，人生總有突如其來的意外，趁我們猝不及防時打擊身心，好比說丟失最珍愛的珠寶首飾、與親友生離死別、丟掉工作、和另一半分手。面臨這些不幸，有時我們盲目掙扎，卻只是讓不幸更進一步影響自己的生活；有時我們硬起心腸，一概否認自己所受的痛苦震撼，卻因此無法從經驗中得到正面力量；有時我們一味浪費時間自怨自艾，什麼也不做。以下提供另一種應對之道，即便遭遇重大打擊，也能讓你從中獲得力量，我稱之為「轉禍為福」。

請一個幫手默默站在你背後，你則雙眼睜開，找出身體的平衡與中心。準備好之後，往旁伸出手，呈四十五度角，這是請身後的人開始動作的暗號。此時，幫手要安靜無聲地走近你，用力抓住你的手腕，力道足以嚇到你即可，藉此模擬意料之外的打擊。不要掙脫，也不要假裝自己不驚慌，而是徹底感受這個動作帶給你的影響，開口說出來，越明確越好（例如「心臟好像跳到喉嚨了」，或「我眨了一下眼睛，感覺就像有電流通過我的左手臂」）。幫手持續穩穩抓住你的手腕，你也要繼續描述你的感受，不帶任何保留。不管是在這個練習，或是在真正面臨打擊的時刻，最重要的是坦然面對你的處境，仔細留意你的感覺，並承認你的感受。

描述完感覺之後，幫手繼續抓著你的手腕，你則雙膝微彎往下蹲，找回平衡安定的狀態。想像對方抓著你的手其實傳來能量，你可以用這股能量處理當前的狀態，而且綽綽有餘。深呼吸，感受體內釋放的腎上腺素進入血管，帶給你激昂與清明，讓這份感覺奔流貫通全身。請背後的人把你放開，四處任意走動一番。想想看，如果在旅途中遭遇突如其來的不幸，或許能夠轉化為正面的力量。

關於「氣」的想像練習

日文稱之為「気」（き），希臘文稱之為pneuma，梵文稱之為prana，你也可以借用《星際大戰》的說法，稱之為「原力」。在西方古老的學說中，這個字源於呼吸的概念，乃是構成天地的基礎，連結了萬事萬物，一切生命活動都仰賴氣的存在。東方武術也有氣的概念，藉由控制氣在體內的流動，或是向外在物品發勁，習武之人理應便能發揮強大的力量，許多傳說故事都描述武學大師雖與敵手相距數尺之遙，卻能阻止對方前進，甚至將其摔飛。空手道家一般認為，如果想徒手擊破木板或打碎石磚，練氣比練拳還要重要。

目前尚無測量氣的方法，不相信氣的人認為氣的力量來自心理暗示，是身體產生了安慰劑效應。對務實的人來說，這種區別則不重要。我練的是合氣道，氣在其中扮演特別關鍵的角色，以我來說，我對自身體內之氣的認知，其實和招式發揮出來的效果息息相關（參見〈關鍵四〉）。對一個未經訓練的人而言，氣的概念是一種很有效的方式，能夠帶來提升力量或放鬆的感覺，在疲累或壓力大的時候特別有效，在精進之道上會是很實用的工具。

以下這項練習可以示範把氣想像出來的力量，過程中需要在有人制住你的狀況下從坐姿轉為站姿，所以要是你膝蓋、背部或腹部有問題，請勿嘗試。

找來一張沒有扶手、椅背挺直的椅子坐下，雙手放在膝蓋上，試著站起來看看，反覆幾次，仔細注意自己站起來的方式。現在，請人把雙手放在你的肩上，施力往下壓。試著純用肌力，照著平常的姿勢站起，對抗從肩膀往下壓的力量，對方的力道只要足以讓你不好站起來即可。

請對方把手拿開。繼續坐著，花點時間放鬆，釋放胸口、肩膀所有緊繃感。雙腳牢牢貼在地板上，用左手掌心貼在腹上，感受腹部隨著每一次吸氣擴張。把左手放在膝上，繼續照相同的方式呼吸。

接下來，想像腹中的氣凝聚成一顆熾烈的能量球，大約一顆葡萄大小，位於腹部正中央，想像能量球隨著每一次呼吸擴張、縮小。把注意力集中在這顆球上。請幫手再次按著你的肩膀往下壓，力道跟之前相同。這一次，不須注意放在肩上的壓力。想像腹中的能量球會給予你站起來需要的力量，持續把注意力放在腹部，用跟先前一樣的姿勢站起來。

留意這兩次站起來的差別。究竟「氣」是真是假，抑或只是一種心理輔助機制，這些都不重要，重要的是你成功辦到的事。不管如何，氣都不是你「創造」出來的，最好的一種說法是，氣本來就存在。氣無處不在。

越是放鬆，力量越強

「力量」的英文單字power，字根是法文和拉丁文，意思是「能夠」——在最理想的情況，所謂的「能夠」意指「能夠明白自己日益精進的潛力」，而不是「能夠掌控別人」。不論在什麼情況，力量都和放鬆有關，正如同肌肉一緊繃便會失去力氣，若是一個人態度僵硬、緊繃、強勢，終究會失敗。

首先，採取站姿，伸出一隻手臂在前方平舉，左右手皆可，這裡就以右手為例，手掌打開，五指張開，拇指朝天。請一個人站在你手臂的右邊，一面握住你的手腕往上拉，一面把你的手肘往下壓，使你的手臂呈彎曲狀。不要抵抗。要注意的是，這個練習只要讓手臂從手肘往上彎曲，不必動到肩膀。

等你的幫手在你不加抵抗的情況下試過彎曲你的手臂之後，你可以嘗試兩種讓手臂變強韌的方法，這兩種方法差別相當大。每練習一次，幫手就要再次試試看彎起你的手臂，逐漸加強力道，但不要突然太大力，弄得你開始掙扎。記住，這不是比賽，只是要讓你比較兩種變有力的方法，重點在於試試看要花多少力氣，才能讓手臂即使受到壓力也保持挺直。

第一種方法 把手打得筆直，純用肌力避免手臂彎曲。請幫手慢慢加強力道，試著讓你的手彎起來，結果可能成功，可能失敗，無論是哪一種，留意自己在過程中消耗了多少力氣。另外，更重要的是，也要注意自己對這次經驗的感受。

第二種方法 舉起手臂，做出和先前相同的平舉姿勢。這次，感受手臂的精力，以及從肩膀流至指尖的能量。想像或感覺你的手臂是一道強力雷射光束的一部分，這道光從指尖繼續向前延展，穿透面前的牆和一切事物，射向地平線，沒入宇宙的盡頭。這道光的直徑比你的手臂還粗，手臂與光融為一體，你也可以把這光想像成「氣」。此時，你的手臂既不僵硬也不緊繃，其實還挺放鬆的，但要留意：放鬆不等於無力，手臂是充滿能量與生機的。要是有人企圖彎折你的手臂，雷射光會變得更強大、更鋒利，你的手臂不須出力，自然而然就會更強壯。

現在，請幫手慢慢施力，用和之前一樣的力道，試著彎曲你的手臂。留意看看這次你消耗多少力氣，對這次經驗感受如何？

做過這項練習的人之中，絕大多數人都認為，比起第一種「反抗之手」，第二種「能量之手」更有力強韌得多。根據肌電訊號測量，這些人的判斷正確無誤，能量之手可能不如反抗之手強硬，但卻更不容易擊倒。

這項練習的意義很明顯：想完全發揮身體的力量，放鬆是必要的。如果將身體視為人生的比喻，這個意義就更為重大。想想看，若是每個人都明白只要不緊繃僵硬，自己可以變得多麼強大，世界將會變成什麼樣子？

希望這些臨別禮物及本書提供的資訊，能在你的精進之道派上用場。不過此時，最令我驚奇的是，比起你本來就擁有的事物，其實我或任何人能給予你的建議根本不值一提。你是一場壯闊演化之旅的產物；你的ＤＮＡ蘊藏豐富訊息，超越了全世界圖書館的資訊總和，這些訊息可以一路回溯到生命的起源；論潛力，在曾經存在於地球上的物種之中，就屬你的綜合能力最為強悍，雖然許多生物具有高度強化的特定感官，但你的整體感覺系統是先天條件最好、最協調的（舉例來說，肉眼未經輔助即可感測到一個光子，也就是光的最小單位，還能分辨超過千萬種顏色），你的大腦是目前所知構造最精密複雜的，內藏數十億神經元以豐富多變的方式交流，足以令任何一台現存或幻想中的電腦相形見絀。若要形容你的創造力，最貼切的詞就是「無窮無盡」。

無論年齡、出身、教育，你體內都潛藏著尚未發揮的潛能。經過演化，如今你的使命就是發揮尚未發揮的潛力，持續學習一生。想要完成這項使命，完成精進之旅，不見得是件易事，但絕對是人類最終極的冒險。途中，你會遠遠看見目的地，會抵達，會走過，這條路依然延續下去，永遠沒有盡頭。

如何展開這趟旅程？只要踏出第一步即可。何時開始？現在就可以開始。

尾聲　大師與傻子

「希望你告訴我學習的方法。」

這話聽起來不像請求，倒像是要求，近乎威脅了。說這話的男人是個山民，一頭黑長髮，蓄著小鬍子，一身粗製衣裳活像十九世紀法外之徒的裝扮，他們那一族遍布洛斯帕德里斯國家森林公園到加州大蘇爾沿岸一帶，非法居住在崎嶇起伏的山陵間，那裡有鷲、老鷹、山獅、野豬等野獸。當時正值一九六〇年代後期，我剛寫完一本談學習的書，交出定稿，開了四小時的車南下前往舊金山的伊莎蘭研究所（Esalen Institute），打算好好休息一個周末。

我走近小屋，那是一棟外牆生鏽的屋子，座落於太平洋海岸邊，就在海洋與洛斯帕德里斯公園山區之間難得的平地上。就在這時，我聽見康加鼓的鼓聲。小屋裡頭，那位山民坐在一面鼓後，四周坐了八個人，每人面前都有一面鼓，山民顯然正進行不正式的教學，任誰有興趣都可以參與。其中一張鼓沒有人用，我在鼓前坐下，一起聽課，盡可能跟上他的指導。教學結束，我起身走開，山民卻趕上來抓住我的肩，專注凝視著我。

「老兄，」他說：「你真是學習專家。」

我呆站原地，愕然無言。我與此人素未謀面，他絕對不曉得我剛寫完一本關於學習的書，大概是看到我身上樸素保守的都市衣著，便認定我從未學過康加鼓這種非主流文化愛用的樂器，結果對我彷彿飛也似的進步大為驚豔。話雖如此，他的稱讚依然讓我高興極了，所以沒告訴他其實我學過。他接著說，他是一位雕刻家，用乙炔燒焊槍把金屬雕成想要的形狀，但目前遇到嚴重瓶頸，卡了一年之久，似乎失去學習的能力了。所以，他希望我這位學習專家前往他在洛斯帕德里斯的家，教他如何學習，他立刻就出發，如果我想要的話，可以開車跟著他走。

他的邀請令我大惑不解，但我知道這是非常難得的機會，可以一探大蘇爾傳聞中的山民所住的禁忌之地，因此一口答應。我跟著他那輛破舊轎車，開上一條陡峭曲折的泥土路，經過山丘上的草原，來到一條車道，說是車道，其實不過是在一片櫟樹、瑪都那樹、月桂樹組成的森林中，有兩條輪胎痕跡。他的車勉力爬上陡坡，不時一晃一震，似乎開了很長一段時間，終於在海岸山脈臨近山頂的一片空地停下，空地上搭建了幾個木製設施：一間兩房木屋、一間工具室、一間做金屬雕刻的簡易工作室，還有看起來像雞籠或兔籠的東西。在我拜訪期間，我無意瞥見一名纖瘦的年輕女子，幽魂似的站在空地邊緣，一頭流瀉的金髮，身穿長裙，可是他卻始終不提這名女子。

山民領我走進一間牢固堅實的木屋，前方有一大片窗戶，可以俯瞰四千呎下的太平洋，海水在傍晚的夕陽照耀下，宛如金屬片一般閃爍發光。我們坐下來聊了些有的沒的，不知為何，我竟有些恍惚，若不是旁邊擺著幾面康加鼓，也許我會以為自己正坐在十九世紀初拓荒者的家中。一切恍如夢境：不可思議的邀約，顛簸的車程，那名神祕女郎，透過樹林看見的大片海水波光。

後來，山民說要帶我看看他的作品，這樣我才能告訴他學習的訣竅，於是我愣愣地跟著他走出去，完全不曉得我能說些什麼，說出來又能不能幫助到他。他按照作品的時間順序，帶我一件一件地看，告訴我他是在什麼時候失去創作靈感、再也沒有進步，說完以後，他注視著我，再一次提問：

「告訴我，學習的方法是什麼？」

我內心一片純然的空白，只聽自己開口說道：「很簡單，想學得好，就要願意當個傻子。」

山民若有所思地點頭，說了句：「謝謝。」我們繼續談了幾句，然後我便上車，開回山下。

又過幾年，我才開始思考，除了把這件事當成一九六〇年代有些奇特、過眼即忘的事件，我當時的回答是否還有別的意義。終於，我在其他領域產生的念頭、各式各樣的靈感，逐漸圍繞著我當初那句無心的建議，凝聚成形；我也漸漸看清，在「學習」與「願意當個傻子」之間，以及「大師」與「傻子」之間，其實有著重大的關係。說得更清楚些，**我所謂的傻子並不是指不會思考的蠢人，而是要具備中世紀愚人或弄臣的精神，或是像塔羅牌裡那自由自在的愚人，卡牌編號是美好的零，象徵著那片肥沃豐饒、創造一切的空無，在這種空白的狀態下，才會有新事物誕生。**

人必須回歸空白的狀態，才能學到重要的事物，這個教訓其實也出現在一個常見的故事：一名智者自負智慧過人，某天拜訪一位禪師，想知道如何變得更有智慧，禪師一言不發地為智者倒茶，即使斟滿了仍不停手，茶水漫溢，流到智者身上，意思是裝滿的杯子不可能再容納新的事物了。另一個現象也值得好好思考：為何年輕人學新事物的速度有時候比老人快？比如說，我十幾歲的女兒學會新舞步，我卻沒學會。是不是因為他們願意出醜當傻子，但我不願意呢？

再舉一歲半嬰兒牙牙學語為例，想像一位父親正湊在搖籃前，看著兒子做著行為學家史金納所謂的「自由操作」，也就是單純發出各式各樣無意義的聲音。在一連串咿呀聲中，冒出一個音節：「巴」，結果發生了什麼事？父親露出燦爛笑容，高興得跳上跳下叫道：「聽見沒？兒子喊我『爸爸』！」當然了，孩子其實沒有說「爸爸」，不過在一歲半的嬰兒眼中，大人開心得大笑大跳，對他來說就是最好的獎勵。因此，嬰兒說出「巴」這個音節的機率會些微提升，這項常識也經行為學家證實。

在此之後，父親聽見「巴」依然高興不已，但過了一段時間，他的熱情逐漸消褪。終於，嬰兒脫口而出「巴巴」，父親再次開心得快瘋了，進一步增加孩子說出「巴巴」的機率。透過這種增強和漸進法，孩子最後學會說「爸爸」，而且說得挺好。注意，孩子之所以學會說話，是因為大人容許他胡亂發出咿呀聲，甚至鼓勵他「犯錯」，鼓勵他以漸進方式學習——換句話說，就是鼓勵他當個傻子。

反過來想，假如大人不允許他這麼做呢？再回到相同的情境，一名父親湊在搖籃前，看著他一歲半的兒子，只聽嬰兒發出一聲「巴」。這次，父親嚴厲地注視著他，說道：「兒子，不對，你說錯了！正確的發音是『爸、爸』，來，跟著我說：爸、爸，爸、爸，爸、爸。」

這種情況會產生什麼結果？假如孩子身邊每個大人都以同樣的方式回應他，這孩子很有可能根本學不會說話，不管怎麼說，想必都會形成嚴重的語言和心理障礙。

如果你覺得這個情境太極端了，不妨回想一下，在你生命中，正因為父母、同儕、學校、社會不允許你在學習時自由嘗試、保持玩心、當個傻子，逼得你放棄學習多少事情。有多少次，你不敢嘗試新事物，只因為害怕被笑？多少次壓抑自己，不敢揮灑靈感，只因為怕被說幼稚？太可惜了，心理學家馬斯洛（Abraham Maslow）發現，性格純真的人往往能發揮異於常人的潛力，馬斯洛稱之為「再生的童心」（second naivete）；人類學家蒙太古（Ashleigh Montagu）則以「嬰兒化」（neotany）一詞，來解釋莫札特和愛因斯坦的天才。有些行為若發生在朋友身上，會被我們視為愚蠢而皺眉以對，但若換作名聞遐邇的天才，我們則認定他不過是特立獨行，因而報以微笑。其實我們從未想過，天才之所以成天才，甚至是一個人學會說話這種基本技能的關鍵，正是因為可以自由地當個傻子。

據說，柔道創始人嘉納治五郎行將就木之時，把所有弟子喚來身邊，表明他希望繫著白帶下葬。何其感人的故事，顯見這位一代宗師多麼謙卑，臨終時竟然只願配帶初學者的象徵！不過最終我恍然明白，嘉納治五郎的請求與其說是謙卑，不如說是務實。面臨死亡這終極的改變，無論是誰，都只是白帶。死亡讓我們從零開始，生命亦是如此，一次又一次讓我們成為初學者。即便大師的聲望如日中天，成就非凡，每當他攬鏡自照，他眼中的影像依然會是初入師門的新生，求知若渴，願意當個傻子。

對所有踏上精進之道的人而言，無論已經走了多遠，嘉納治五郎的請求都將成為你一路上時時需要面對的問題，成為一項永不過時的挑戰：

你願不願意繫著那條白帶？

國家圖書館出版品預行編目資料

精進之道：不靠天賦,也能精益求精,邁向人生更高境界 / 喬治.李歐納(George Leonard)作 ; 陳思穎譯. -- 初版. -- 臺北市 : 遠流, 2018.02
面； 公分
譯自 : Mastery : the keys to long-term success and fulfillment
ISBN 978-957-32-8223-5(平裝)

1.成功法 2.自我實現

563.53 107001492

精進之道：不靠天賦，也能精益求精，邁向人生更高境界

Mastery: The Keys to Success and Long Term Fulfillment

作　者 喬治・李歐納（George Leonard）
譯　者 陳思穎
總 編 輯 汪若蘭
執行編輯 陳思穎
行銷企畫 許凱鈞
封面設計 張巖
版面構成 陳健美

發行人 王榮文
出版發行 遠流出版事業股份有限公司
地址 臺北市南昌路 2 段 81 號 6 樓
客服電話 02-2392-6899
傳真 02-2392-6658
郵撥 0189456-1
著作權顧問 蕭雄淋律師

2018 年 2 月 28 日 初版一刷
定價 平裝新台幣 260 元（如有缺頁或破損，請寄回更換）

ISBN 978-957-32-8223-5
YLib 遠流博識網 http://www.ylib.com E-mail: ylib@ylib.com

Published by Plume, and imprint of Dutton Signet, a division of Penguin Books USA Inc. Previously published in a Dutton edition.